JN081756

MarkeZine
BOOKS

デジタル時代の基礎知識

広告

人と商品・サービスを
「つなげる」
新しいルール

株式会社電通デジタル
小林 慎一

株式会社電通
吉村 一平

SE
SHOEISHA

はじめに

　現存する世界最古の広告は紀元前2500年ごろ、エーゲ海に面するトルコ西海岸のエフェソスという古い港にある大理石に彫られた図像だと言われています（図）。中央部には方向を表す足が描かれ、その右には女性、左上にはお金が彫られています。

　広告の歴史は、「口コミ」から始まりました。現代でも友人から「あのお店、美味しかったよ」と言われると、つい行きたくなると思います。実体験を踏まえた打算のない「おすすめ」は最強の広告です。これは文明が生まれた初期の人間社会でも変わりませんでした。

　村や町、都市ができるようになると、交易のお店が軒を連ねるようになります。するとより多くの人をお店に呼び込むために、「店先の看板」「町の壁」「立て札」「幟」といった今でいうOOH（Out Of Home Media）が主流の時代を迎えます。

　15世紀になって活版印刷が発明されると、1つの版を作れば同じものを大量に印刷できるようになりました。この技術を生かして「広告ビラ」が生まれます。

　その後、新聞というメディアが生まれ、多くの読者を獲得するようになると、新聞を広告媒体とする「新聞広告」が始まります。また、写真が発明された後は「ポスター広告」の絵は写真に置き換えられていきました。

　やがて「雑誌広告」「ラジオ広告」「テレビ広告」が生まれていく過程は、ご存じの通りです。

　広告は、時代の文化、とりわけ人間の「欲しい」「したい」という欲望を映す鏡です。新しいメディアの誕生とテクノロジーの発展ととも

図 **現存する最古の広告**

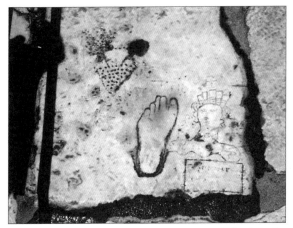

出典：トルコ ing

に、形態を変え、そのバリエーションと数を増やしてきました。

　そして今、テクノロジーの発展が最も激しい分野が、インターネットを始めとするデジタルの領域です。インターネットの登場により、広告媒体の数は飛躍的に増えました。同時に、AIを始めとするテクノロジーの進化もますます加速しています。

　広告の世界でも、Disruption（破壊）という言葉がキーワードになるほど、すさまじいスピードで環境が変化しています。

　本書では、激変している広告の現在地点について記しました。デジタル時代に知っておくべき「広告」の基礎知識を、網羅的に知ることができる入門書です。

小林慎一

CONTENTS | 目次

加速するデジタル広告

> CHAPTER 4

ファネルという考え方

> CHAPTER 5

広告を企画する

効果測定と改善

CHAPTER

1

___

広告の目的

No.
01

[商品広告]
巧みな広告戦略が
ビジネスを押し上げる

◉ 素晴らしい商品はほぼ素晴らしい広告をしている

NIKE、Apple、Audi（図1）……。これらの企業の商品は、みな素晴らしい広告戦略をしています。ブランドのイメージを上げるには、広告が有効なのは言うまでもありません。

広告は、ある製品の機能を伝えるだけではなく、イメージを上げる効果もあります。

広く告げるのが広告ですが、広く告げることで、商品のことを伝えたり、ブランドの価値を高めたりもできます。また、デジタル広告が生まれたことで、広く告げるだけでなく、伝えたい人に、ピンポイントで伝えることができる広告（アド）が生まれています。

TVCMやOOHやデジタルなど、様々な広告の打ち手を駆使して、機能を伝える、イメージを上げるなどして、ビジネスにいい結果をもたらすのが広告の役割です。

レッドブルは、東南アジアで売れている日本のエナジードリンクを参考につくられたと言われています。日本の商品も広告戦略によっては、レッドブルのように世界的なエナジードリンクになれる可能性がありました。レッドブルは、グローバルで売っていくという意思と、巧みな広告戦略が今のブランドをつくりあげたのです。

広告の最大の目的は、効果的な打ち手を組み合わせて、企業の事業を押し上げることです。以降では、その詳細を解説していきます。

図1 様々なブランド広告

出典：NIKE

出典：Apple

出典：Audi

No.

02

［商品広告］
商品を売る

◉ 訴求ポイントを探し、クリエーティブで表現する

　「商品の機能」を1人でも多くの人に伝え、1人でも多くの人に買ってもらい、企業の業績を上げることが、広告の唯一無二の目的と言っても過言ではありません。

　そのためには、「商品のいいところ」＝「訴求ポイント」を決め、的確な「伝える方法」＝「クリエーティブ」を、伝えたい人に「伝わる場所」＝「媒体」で伝える必要があります（図2）。

　メーカーは競合の状況や、消費者のニーズ、シーズをしっかり調査しながら新商品を開発しています。しかし、広告で消費者に伝えるためには新商品の情報を選別する必要があったり、そのままでは伝えにくかったりする場合があります。

　そこでまず、その商品の新しい機能や価値を整理し、新商品開発とは違う視点、つまり広告目的のマーケティングを行います。市場やターゲットに受け入れられやすいものを「訴求ポイント」として探し出します。

　その「訴求ポイント」をターゲットにしっかり届けるためのアイデアを考えるのがクリエーターの仕事で、ターゲットが接触しやすいメディアに合わせてアイデアを考えていきます。

　私たちが普段接触する広告は商品の特徴を伝えるだけでなく、キャンペーンの内容や期間の告知、新店舗のオープンの告知など、売上に直結するような内容であることが大半といえます。

図2 商品広告の方程式

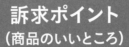
訴求ポイント
（商品のいいところ）

×

クリエーティブ
（伝える方法）

×

媒体
（伝わる場所）

No.

03

〔ブランド広告〕

商品イメージを上げる

● ブランドが商品を強くする

ブランド広告の目的は商品のイメージを上げることです。商品のイメージを上げることで、同じ機能を持った複数の商品の中から、自社の商品を選んでもらいやすくなります。また、商品ではなく企業全体のイメージを上げることで、関連の商品や高額の商品の販売（アップセル、クロスセル）につながることを戦略的に行っている企業もあります。

例えば、Apple が iPod を発売した時、徹底したブランド戦略を取りました。競合会社は HDD を使用した音楽プレーヤーを次々に開発し発売しましたが、Apple の牙城を崩すことはできませんでした。iPod から iPod nano が、そして iPod shuffle が生まれ、やがて iPhone の発売につながっていきます。Apple は商品戦略だけでなく、ブランド戦略も巧みなことが分かるかと思います。

● 商品によってもたらされる価値を描く

商品広告とブランド広告の境界は曖昧です。世の中の多くの広告は、ブランドの世界観の中で、商品の特徴を伝えています。iPod の広告は、斬新な世界観ながらも、音楽プレーヤーであることをきちんと伝えるものでした（図3）。iPhone も初期の広告は、何ができるかをしっかり訴求していました。ただし、過去の成功したブランド広告は、しっかりコストをかけて制作されています。また、一度に多くの商品の特徴を伝えようとしたり、直接的な訴求をするよりも、それによっても

てもたらされる「人や社会のいい変化」を描く傾向があります。

図3 iPodとiPhoneの初期広告

商品の機能をシンプルに上質に伝える広告

出典：Apple

No. 04

［企業広告］
企業のイメージを上げる

● 企業もひとつのブランド

企業広告の目的は企業のイメージを上げることです。そのためには大きく３つのアプローチがあります（図4）。IRで行うもの、インナーブランディングで行うもの、アウターブランディングで行うものです。

IRとはInvestor Relationsの略で、企業が株主や投資家と良好な関係を築くために、投資に関する情報を提供する活動全般のことです。年次報告書等のIR情報を広告とすることをIR広告と言います。

インナーブランディングとは企業理念やビジョンを社員に理解してもらうための活動です。自社WEBサイトの活用やハンドブックの製作が挙げられます。

こうした広告に社員が納得し、自社に誇りが持てるようになれば企業理念が全社に浸透し、社内に一体感が生まれ、インナーモチベーションが上がります。その広告に対する世間の評価が高ければ、より効果的です。

企業広告の多くは、社外に向けたブランディングが目的です。企業イメージが高い企業から発売された新商品は、その商品のブランド価値を社会に浸透させる時間が短くて済み、場合によっては新発売と同時に、高いブランド価値を持つものとして市場に受け入れられます。

AppleやNIKEといったグローバルブランドは、積極的に企業広告を行っています。良質な企業広告は、商品に付加価値を生むだけで

なく、人材獲得にも優位に働くこともあります。さらに企業に不祥事が起こった時のバッシングが少なくなったりするような効果もあります。

図4 IR、インナーブランディング、アウターブランディング

IR
（株主、投資家）
向け

インナー
ブランディング
（社員向け）

アウター
ブランディング
（顧客向け）

No.
05 ［CSR広告］ 社会的使命を果たすための広告

◉ 世の中をよりよくするための活動

　CSRとはCorporate Social Responsibilityの略で、企業が自社の利益を追求するだけでなく、環境、人権、コンプライアンスの遵守、地域社会との共存といった、企業が果たすべき社会的責任を指します。

　企業のイメージを良くするという意味では、企業広告との線引きは曖昧です。**地球環境に貢献するという企業ビジョンを伝え、そのビジョンから生まれた商品が登場する広告は、CSR広告であり、企業広告であり、商品広告でもあると言えます。**

　CSR広告では、企業が果たすべきと考える社会的責任を伝えることを目的としています（図5）。そして、企業の社会的責任の定義は時代とともに変化し、範囲も拡大しています。

　大きな利益を上げている企業は、自社やその商品の都合の良いことだけを広告して収益を上げることだけを考えるのではなく、世の中をよりよくするためにも活動すべきである、という考え方は欧米の方が進んでいます。

　実際、近年のカンヌ・ライオンズ国際クリエイティビティフェスティバルでは、「for good」「make the world better」という言葉がキーワードになっています。

　地球環境、人種、障害者、ジェンダー、ダイバーシティ、国際関係などのテーマをもとに、社会をよりよくしたり、問題提起をしたり、人々の考え方をポジティブにしたりするアイデアが賞をとる傾向にあります。

その代表的な企業がP&Gです。ロンドンオリンピックの時期に流れた、「Thank you, Mom.」のTVCMは世界中の多くの人の心に届きました。

　また、新型コロナウイルス感染症対策の一環として行われた外出自粛のゴールデンウイークにおいて、人々の不安やストレスを少しでも和らげることを願って実施されたドラえもんの「STAY HOME」広告は、社会の幅広い年齢層に受け入れられました。

図5 CSR広告

出典：P&G

©Fpro

COLUMN　世の中を変えた広告たち

　広告の最大の目的は、商品（サービス）を売り、企業の業績を上げることですが、**人の考え方に影響を与えた広告も存在します。**

◉「Think different」

　そんな広告の中で名作と言われているものの一つは、Appleの「Think different」のキャンペーンです（図6）。

　「Think different」の言葉とともに、偉大な業績を残した天才が数多く登場します。アルバート・アインシュタイン、ジョン・レノン、マリア・カラス、ボブ・ディラン、リチャード・ブランソン、ニール・アームストロング……偉大なことを成し遂げた人たちは、ステレオタイプな考え方をするのではなく、人とは違う考えを持つのだ、というメッセージは、当時、多くの人や企業がWindowsのPCを使っていたことへのアンチテーゼでした。そして、この広告メッセージはアンチテーゼに止まりません。人はみな個性的で、その個性をもっと誇っていいし、認め合うべきだ、という人間尊重の普遍的メッセージとして受け入れられたからこそ、歴史的な名作として数えられたといえます。

◉「UNITED COLORS OF BENETTON」

　強烈な社会的なメッセージを発信したという意味では、ベネトンの「UNITED COLORS OF BENETTON」も広告史に残るキャンペーンです。まだレストランなどで人種差別が普通に行われ

ているような時代に、3つの本物の心臓にWHITE、BLACK、YELLOWの文字がのっている広告は世界に衝撃を与えました（図7）。「UNITED COLORS OF BENETTON」は「ベネトンの世界の色」と日本語に訳をされていましたが、「世界は様々な色にあふれている、だから美しいんだ」というメッセージが含まれているのだと思います。そして、フォトグラファーのオリビエーロ・トスカーニが手がけたこれらのキャンペーンは、戦争、エイズ、LGBT、宗教、貧困、出産……にまで広がっていきます。湾岸戦争で戦死した兵士が最後に着ていたシャツのビジュアルは、もはや広告なのかどうか、物議を醸しました。2018年にベネトンに復帰した創業者のルチアーノ・ベネトンは、業績を回復させるために、再びトスカーニと組み広告活動をしています。

図6 Appleの「Think different」のキャンペーン

出典：Apple

図7 広告史に残るベネトンのキャンペーン

出典：Beneton

021

CHAPTER

2

___

トラディショナルメディア

No.

01 ［紙媒体］ 新聞広告

◉ 新聞広告の種類と特徴

　一口に新聞広告といっても様々な種類があります。新聞は1面を15分割したブロックを1段と呼んでいます。記事自体は1段ごとに改行されますが、読者の高齢化対策で文字が大きくなり、記事は1面12段を採用する新聞社が標準となっています。しかし、新聞広告の料金は1面15段で計算することは変わっていません。

　1面すべて使う15段広告、見開き両面を使う30段広告（図1）、7段、5段、7段1/2など、段数によって料金が違います。また、**1面、経済面、社会面、生活面、スポーツ面、ラテ面（テレビとラジオの番組表の掲載面）など、記事の内容に合わせて掲載面を決めることが一般的です。**さらには、新聞社名の横の「題字横」、その下の「題字下」、記事の中の「記事中」、記事の下の「記事下」、記事下のスペースから突き出ている「突出」など様々な掲載場所があります（図2）。新聞広告は営業広告だけでなく、政党や団体などが意見や正当性をアピールしたい時に使う「意見広告」、記事のように書かれた「記事広告」（PRと記載）、株主への告知やリコールなどの情報を伝える「社告」、不祥事などでお詫びをする「謝罪広告」などがあります。

　15段広告や30段広告を作ることは、広告クリエーターにとって花形の仕事でした。広告費全体に占める割合のうち、新聞広告費はインターネット広告費に抜かれ、往時の勢いがないと言われることもありますが、そもそも新聞広告とインターネット広告を単純に比べる意味はあまりありません。新聞広告は公共性が高いため、費用対効果だけ

では計れない側面があります。**企業が襟を正し、新しい取り組みや経営方針を宣言する（declare）のに適した媒体は新聞の他にはありません。**また、音が出たり、3Dに見えたり、SNSと連動するものなど新しい新聞広告の試みもなされています。

図1 30段広告と15段広告

出典：宝島社　　　　　　出典：日本郵便

図2 新聞広告の掲載場所

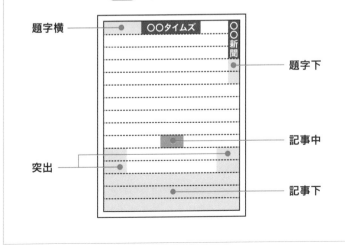

No.

02

［紙媒体］
雑誌広告

● 雑誌広告が得意なこと

　雑誌は週刊、月刊など一定の期間で発行され、定期的にお金を出して購入する読者が一定数いることが特徴です。また、車や園芸といった趣味、ファッションやニュースといった情報、男性向け、女性向け、あるいは地域によって細かく読者が分かれています。さらに、多くの雑誌は編集方針によって、ある世界観がつくられています。

　雑誌広告は、趣味嗜好などですでにターゲティングされていて、次の号が発行されるまでに何度も接触する可能性があります。**読者の好きな世界観にマッチした商品やサービスの広告を出すことで、深いエンゲージメントを獲得することができます。**

　雑誌の種類には、市販目的の一般雑誌、学術論文などが載る学術雑誌、官公庁などが発行する官公庁誌、会員への配布を目的とした団体・協会誌、同行者が自身の作品を発表する同人誌などがあります。一般誌だけでも、男性誌、女性誌、コミック、総合誌、情報誌、専門誌、料理雑誌、子供雑誌などに分類でき、それぞれ年齢、趣味嗜好、感度などに合わせてターゲティングすることができます。掲載面の種類としては、裏表紙の表4、表紙の裏面の表2、裏表紙の裏面の表3などがあります（図3）。掲載スペースとしては、1P、見開き、タテ1/2Pやヨコ1/2P、また見開きページを使った観音などがあります。

　広告だけでなく、タイアップ記事が組めるのも雑誌の特徴です。タイアップ記事は、雑誌の編集者と広告主と広告代理店が一緒に企画をすることが一般的です。雑誌の特徴にあった記事と一緒に商品の良さを伝え

たり、その雑誌の専属のモデルなどが、実際に商品を使った写真や感想などを記事風にまとめることで、雑誌を読んでいる気分で、商品の良さを伝えることができます。雑誌は、キレイな写真や文字と親和性が高く、商品の世界感と情報をじっくりと伝えることができるため、商品理解や利用意向を向上させることに適しています。

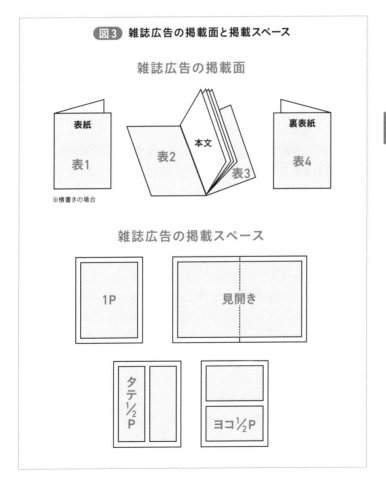

図3 雑誌広告の掲載面と掲載スペース

雑誌広告の掲載面

No.

03

［街中媒体］

OOH

● OOHの種類と特徴

　OOHとはOut Of Home Mediaの略で、自宅以外で接触する広告媒体の総称です。一般的には交通広告、屋外広告、大型ビジョンといった、街の動線上で目に触れる広告を指します（図4）。広義には、ビルの囲い、ファミレスのテーブルポップ、ポスティングチラシ、手配りのティッシュなども該当します。

　街を歩く人が無意識に見るものなので、潜在意識に刷り込みやすく、無意識だからこそインパクトのあるものは印象に残りやすいので、一般的に到達コスト（1000人に広告が到達するコスト）が安いと言われています。様々な人が集まる大都市のターミナル駅ではオールターゲットに、住宅街を走る私鉄では主婦をターゲットに、地方都市の沿線ではその地域周辺の施設の広告が掲載されるなど、その街の特性によって緩やかなターゲティングが可能です。また、渋谷や原宿には若者向け、銀座や表参道は裕福層向けなど集まる人の特性に合わせたり、街自体が持つブランドイメージを利用した広告戦略もよく見受けられます。

　OOHは、元々はマスメディアの認知を助ける補助メディア的な意味合いが強かったのですが、2000年代ごろから新しい形のOOHのクリエイティブが見られるようになりました。ビルの外壁を上っているような4WDの広告、信号を飛び越えているように見えるアスリートの広告、駅の階段がピアノに模されている広告など、大胆に街にアプローチするようなOOHがカンヌ広告祭を賑わせました。

　そして、スマホの登場によって、ポスターのQRコードからECサイ

トに誘導してキャンペーンに応募する仕組みができたり、顔認証技術で男女を識別して広告を打ち分けるデジタルサイネージが話題になったり、その他3DやARといったテクノロジーを利用した広告も生まれています。近年では、スマホの言語設定を読み取り利用者の母国語に応じた情報を流したり、位置情報の履歴からターゲットのプロファイルを予測して広告を出す仕組みなどが研究されています。

図4 街中の広告

津波の高さを都会で視覚化する広告

デジタルサイネージでTシャツを着れる広告

No. 04

［テレビ媒体］

TVCM

● TVCM の変遷と特徴

　日本では1953年にテレビ放送が始まりました。精工舎の時報のCMが日本初のTVCMです。50年代の後半になると、テレビは豊かな生活の象徴となりました。カラーテレビが家庭にある人は、裕福で新しいものが好きな人々で、TVCMもそういった人々をターゲットにしていました。

　60年代の高度成長期には、コスモ石油のTVCM「オー、モーレツ！」というコピーのように元気で活気に満ちあふれる日本を象徴するようなTVCMが数多く流れていました。70年代の代表的なTVCMは、富士ゼロックスの「モーレツからビューティフルへ」です。物質的な豊かさから精神的な豊かさを求めるようになった世相を表現しているといわれています。そして、1979年にオイルショックを迎えると、海外ロケや大物タレントに頼るのではなく、少ない予算でもアイデアで印象に残るTVCMが登場します。80年代後半から90年代初頭にデジタル技術が発達し、デジタルでの編集が始まり、合成技術やCGが取り入れられ、実写では表現できない映像も可能になります。

　TVCMには大別して、スポットCMとタイムCMがあります。スポットCMは番組と番組の間に流れるもので、キャンペーン期間中や様々な時間帯に流せるため多くのターゲットに届けることができます。一方、タイムCMは番組中に流れるため、特定の人に届けることができ、番組内容とリンクしたブランディングがしやすい特徴があります。

　TVCMの投下量はGRP（Gross Rating Point）という単位を使います。これはTVCM出稿回数ごとの視聴率を足した数値です。図5はTV広告認

知と購買意向率の関係を示しています。3回の広告接触で購買行動に結びつくとする「スリーヒッツ理論」、あるいは7回とする「セブンヒッツ理論」がありますが、どちらの理論も接触頻度がある回数を超えると急激に購買意向が高まることを唱えています。図6はGRPとTV広告認知の関係を示しています。例えば、購買意向率を5%達成したいとすると、図5より必要な広告認知は60%です。次に、60%の人に3回当てたい場合は、図6を見ると600GRPの出稿量が必要であることが分かります。

近年では、テレビの視聴ログとWEBのログをつなぐテクノロジーも生まれていて、TVCMとWEB動画の重複接触をさせていくことも可能になっています。

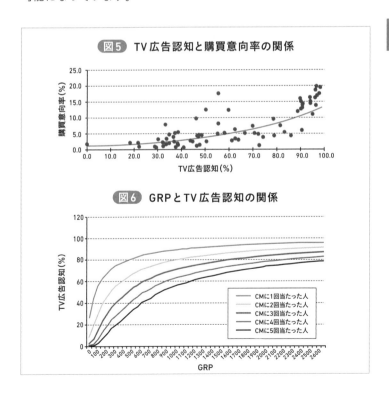

図5 TV広告認知と購買意向率の関係

図6 GRPとTV広告認知の関係

No.

05
［ラジオ媒体］
ラジオCM

● ラジオ CM の変遷と特徴

ラジオCMはTVCMと同様に主に2種類あります。番組内に流れるタイムCMと、番組と番組の合間に流れるスポットCMです。また、レポーターが商品の使用感などを伝える生コマーシャル、店頭やイベントを中継したり電話レポートをするライブCM、企業が休日に長時間スペシャル番組を提供するホリデースペシャルといったバリエーションもあります。

ラジオは、運転、通勤、仕事、勉強、家事など、何かをしながら聴いている人が多く、時間帯や地域ごとにリスナーが変わる、生活に密着した広告媒体です。朝は通勤する人、昼は車で移動する人や家事をする人、夜は勉強する学生や長距離を運転する人などリスナーが中心になります。また、ラジオを聴く習慣がある人はラジオ CM に繰り返し接触することで、その番組に対するロイヤリティを持つ場合があります。以上のことから、ラジオ CM はある商品を生活の一部のように感じてもらったり、ファンになってもらったり、親しみをもってもらうことに向いていると言えます（図 7）。

インターネットを通じてラジオ放送が聴けるサービス radiko （ラジコ）が 2010 年に始まりました。ラジコはスマホ、タブレット、パソコン、最近ではスマートスピーカーから聴くことができます。ライブではもちろん、過去の番組をさかのぼって聴けるタイムフリー機能もあり、また気に入った番組を SNS でシェアすることもできます。基本的には無料ですが、あらゆる地域の番組が聴ける有料のエアフリーと

いうサービスもあります。月間ユニークユーザーは約1000万人です。2018年にラジコオーディオアドの実証実験がスタートしました（図8）。「視聴ログ」「アプリの利用履歴」「有料会員の属性データ」「ビデオリサーチ社のデータ」を活用し、リスナーの属性や好みに合わせた広告をセグメント配信することが可能になります。

図7 ラジオCMの台本の例

味の素／Jino・フォレスティーノ
「湯上り」篇 ＜ラジオCM20秒＞
- - - - - - - - - - - - - - - - - - -
SE： ポチャン（お風呂）
　　 ガラッ（ドアを開ける音）
男： おい、ドライヤーどこやった？！
　　 ママ、ドライヤーどこやった？
　　 なあ、ドライヤー…
　　 あ、乾いちゃった…
NA： 抜け毛・薄毛が、気になりは
　　 じめたら
　　 Jino薬用アミノ育毛ローション
SL： AJINOMOTO

味の素／Jino・フォレスティーノ
「ドライヤー」篇 ＜ラジオCM20秒＞
- - - - - - - - - - - - - - - - - - -
SE： （ドライヤーの音）
　　 ガーーーーーーーー
父： サヤカぁ、ドライヤー、まだか？
SE： （ドライヤーの音）
　　 ガーーーーーーーー
父： パパ急いでるんだ、
　　 たのむ先に使わせてくれ。
SE： （ドライヤーの音）
　　 ガーーーーーーーー
　　 （とまる）
娘： しょうがないわね。
父： わるいな。
SE： ガッ
　　 （ドライヤーの音、一瞬で終わる）
父： ありがと。
NA： 抜け毛・薄毛が気になりはじめたら
　　 Jino薬用アミノ育毛ローション
SL： AJINOMOTO

味の素／Jino・フォレスティーノ
「身長測定」篇 ＜ラジオCM20秒＞
- - - - - - - - - - - - - - - - - - -
女： ハイ、次のかた～
SE： カシャ
　　 （金属音：身長測定の器械が頭上に
　　 落ちる音）
女： 170センチ
　　 ハイ、次のかた～
SE： カシャ
　　 （金属音：身長測定の器械が頭上に
　　 落ちる音）
女： 164センチ
　　 ハイ、次のかた～
SE： カシャ
　　 （金属音：身長測定の器械が頭上に
　　 落ちる音）
女： 冷て！
NA： 抜け毛・薄毛が気になりはじめたら、
　　 Jino薬用アミノ育毛ローション
SL： AJINOMOTO

図8 ラジコオーディオアドの展開イメージ

············ 地上波ラジオ ············　　　········ ラジコオーディオアド ········

ラジコでは別の広告を配信

| 番組A | 広告 | 提クレ | 番組B |　　　| 番組A | 広告 | 提クレ | 番組B |

誰にでも同じ広告　　　　　　　　　「ユーザー（人）によって
　　　　　　　　　　　　　　　　　適切な広告を個別配信」

No. 06

［その他の紙媒体］

チラシ・DMなど

● まだまだニーズがある紙媒体

チラシは一枚の紙に商品などの情報をまとめたものです。新聞の折り込みチラシがその代表です。朝刊は各家庭に毎日届くため、特売商品や開店告知、週末フェアなどその日に合わせたタイムリーな情報をエリア内の住人に効率よく届けることができます。

一般的なチラシは不特定多数の人に届けますが、新聞の折り込みチラシはエリアのターゲティングとモーメントに合わせた告知ができる媒体です。

また、郵便受けに直接届けるチラシをポスティングチラシと言います（図9）。一般的に新聞の折り込みチラシよりはコストがかかりますが、新聞を購読していない人にも届けることができます。

フライヤーと呼ばれるものもあります。チラシよりもデザインや印刷が凝っていて、ライブや映画、アルバムの告知などに使われます。紙の広告を空からまいていたことに由来すると言われています。

DMはダイレクトメールの略で、個人や法人の住所に直接送ることができるカタログや商品情報のことです。はがきであったり、封筒にカタログが入っているものなど様々な種類があります。

多くは百貨店やショップなど、一度そこの商品を買った顧客にもう一度商品を買ってもらいたいとき（リピート）、あるいは関連の商品やより高額の商品を買ってもらいたいとき（クロスセルやアップセル）に使います。

顧客の住所や購買履歴を管理し、リピートやアップセル、あるいは

ロイヤル化を狙う意味でDMはCRM（Customer Relationship Management）の先駆けと言えます。

また、TVCMの最後に「詳しくは今朝の朝刊で」と告知をし、朝刊には商品の詳細情報と申込記入欄を載せ、顧客が投函するだけで購入できる仕組みもあります。これはダイレクトレスポンス広告のはしりであり、TVCMの内容によって新聞広告を変えていくので、ある種の運用型広告と言うことができます。

顧客の様々なデータに基づき、顧客のニーズ、シーズにあった商品情報を手動で届けていた時代がデジタル以前だとすると、顧客のデータをDMP（Data Management Platform）で管理し、AIを使って分析し、顧客一人ひとりのモーメントに合わせて自動配信するのがデジタル時代のダイレクトレスポンス広告と言えるでしょう。

図9 ポスティングチラシ

出典：スタディポケット横浜

COLUMN
トラディショナルメディアは
死んだのか？

● 依然として TVCM は有効

　インターネット広告費は2桁成長が続き、マスメディア（トラディショナルメディア）の広告費は減少傾向にあります。こうした中、「もうTVCMなんて効かないんだ！」「デジタルの時代だから、広告はデジタルだけでいい！」といった話や「社長がマスの時代は終わったと言ってるので、TVCMはやめました」といったクライアントの声を聞くことがあります。

　実際に、新聞や雑誌といった紙メディアの広告費は減っているものの、TVCMやラジオCMといった電波メディアについては実はそれほど落ち込んでいません。

　もう少し詳しく見てみると、街頭チラシ、折り込みチラシ、DM、電話営業などの草の根活動的な広告費が大幅に減った分がネット広告費に流れています。元々ネット広告自体が、スモールな広告施策からはじまっているので、チラシなどの代替メディアとして売上を伸ばしているのだと思います。

　ネット広告費がマス広告費を侵食しはじめたのは2018年ごろで、TVCMの価値自体は、まだそれほど落ちていないのです。極端なデジタルシフトをした結果、商品が店頭に置かれなくなり、売上を落とした後で再びTVCMを再開したり、そもそもTVCMを再開することができずに終売になってしまった商品もあります。

　時々テレビ番組でネット広告によって、大ヒットした商品が取り上げられているのを目にします。しかし、その商品は今までマス広告をやっていた大企業の基幹ブランドの売上には遠く及びません。

大きな売上を支えるには、やはりTVCMが有効であると言えます。

しかし、TVCMをしていれば、日本人のほとんどの人にリーチできていた時代は終わりました。ターゲットにもよりますが、現在リーチできるのは70％程度かそれよりも低いこともあります（図10）。

残りの約30％が何を見ているかというと、それぞれの人が様々なデジタルメディアに接触しています。**デジタル広告は効率的だと言われることもありますが、マスだけ打っていればいい時代に比べれば、打ち手が増えている分、投資額はどうしても増加傾向にあります。**

TVCMのリーチを補完するためにネット広告を使うのか、あるいはTVCMとネット広告を重複接触させるのか、またはSNSをどうからめていくのかなど施策は様々です。だからこそ、デジタルマーケティングに基づいて、綿密にコミュニケーションプランを立て、それに相応しいクリエーティブを作っていく必要があるのです。

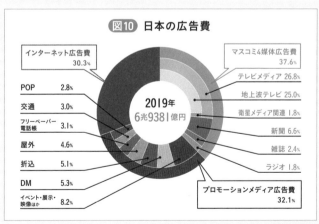

図10 日本の広告費

インターネット広告費 30.3%

POP 2.8%
交通 3.0%
フリーペーパー・電話帳 3.1%
屋外 4.6%
折込 5.1%
DM 5.3%
イベント・展示・映像ほか 8.2%

2019年
6兆9381億円

マスコミ4媒体広告費 37.6%
テレビメディア 26.8%
地上波テレビ 25.0%
衛星メディア関連 1.8%
新聞 6.6%
雑誌 2.4%
ラジオ 1.8%

プロモーションメディア広告費 32.1%

出典：https://dentsu-ho.com/articles/7161

CHAPTER

3

加速するデジタル広告

No.

01

［デジタル広告とは］

デジタル広告の
誕生と進化

◉ デジタル広告の変遷

　広告界でもっとも変化が著しいのがインターネットにおけるデジタル広告です。1996年4月に商用の検索サイトとして「Yahoo! Japan」がサービスを開始し、同年7月にバナー広告を始めました（図1）。その後、メールマガジン発行サービスが生まれ、報酬型のアフィリエイト広告が始まります。

　2002年には、Googleが検索結果に連動して広告が出る検索連動型広告を開始します。これは少ない予算で顕在顧客に直接アプローチできるため広告主から歓迎され、広告に革命を起こしました。そして、検索結果やサイト内の行動を解析し、ビッグデータを活用することで、どんな人が、どこで、どんな行動をしているかがトラッキングできるようになりました。

◉ デジタル広告の特性

　最大公約数の人に働きかけるのがマス広告だとすると、特定の人にピンポイントでささるのがデジタルアドです。ターゲットがいる場所に、ターゲットが興味を持ちそうなバナーを打ち、クリックされた率（CTR：Click Through Rate）と、クリックした後にコンバージョンされる率（CVR：Conversion Rate）を計測し、クリエーティブと掲載場所を検証します。

　一人獲得するために要したコストの指標CPA（Cost Per Acquisition）を見ながら、その数字を改善するためにPDCAを回します。現

在のデジタル広告の進化は、AI の進化であり、ビッグデータを解析することでターゲティングの精度が飛躍的に向上しています。

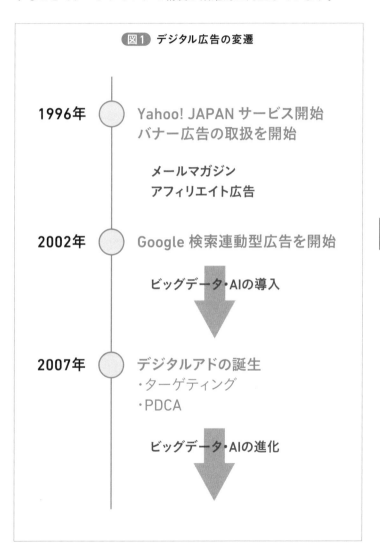

図1 デジタル広告の変遷

1996年 ── Yahoo! JAPAN サービス開始
バナー広告の取扱を開始

メールマガジン
アフィリエイト広告

2002年 ── Google 検索連動型広告を開始

ビッグデータ・AIの導入

2007年 ── デジタルアドの誕生
・ターゲティング
・PDCA

ビッグデータ・AIの進化

No.
02
［デジタル広告の特徴］
ターゲティング

● 多様な種類がある

　デジタル広告の特徴は、なんといってもターゲティングです。Google、Facebook、Twitter、LINEなど、プラットフォーマーごとに様々な方法があります。例えば、Googleには動画広告のフォーマットとして、TrueViewディスカバリー広告、TrueViewインストリーム広告、Bumper広告があります。

　これらは、「性別」「年代」「エリア」「時間帯」「子供ありなし」「年収」「コンシューマーパターン（外食をよくするなど特定の消費行動を行うユーザー）」、購買行動やアフィニティ（ユーザーの検索やアクセス履歴に基づいた興味・関心リストのこと）に基づく「興味・関心」、動画視聴や広告接触などからの「リマーケティング」、動画やチャネルやアプリなどの「プレースメント」、ユーザーの関心の高い単語やフレーズに基づいた「キーワード」、選択したトピックに関連させる「トピック」といった多様な項目が用意されています（図2）。

● DMPとのクロス解析

　広告代理店などが持っているDMP（Data Management Platform）を利用すると、デジタル上の行動履歴、興味・嗜好に対するアンケート結果、購買履歴などを組み合わせて分析することができます。**商品を買いそうなターゲットをDMPを使って分析し、セグメントし、クリエーティブを描き分け、ターゲットがよく接触するメディア（タッチポイント）に合わせて広告を配信します。**

このターゲティングの精度を高めることで、One to Oneマーケティングへの挑戦がはじまっています。一方で、ターゲティングの精度が上がるほど広告に当てるパイは減るので、CPAのシミュレーションをしながら、ターゲティングの粒度を決める必要があります。

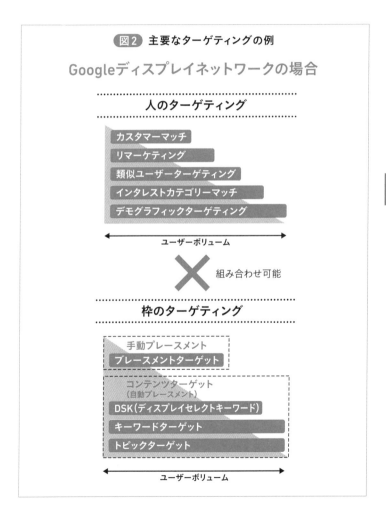

図2　主要なターゲティングの例

Googleディスプレイネットワークの場合

人のターゲティング

- カスタマーマッチ
- リマーケティング
- 類似ユーザーターゲティング
- インタレストカテゴリーマッチ
- デモグラフィックターゲティング

← ユーザーボリューム →

✕ 組み合わせ可能

枠のターゲティング

手動プレースメント
- プレースメントターゲット

コンテンツターゲット
（自動プレースメント）
- DSK（ディスプレイセレクトキーワード）
- キーワードターゲット
- トピックターゲット

← ユーザーボリューム →

No.

03

［デジタル広告の特徴］

モーメント

● 商品・サービスを購入するときの気持ちの移ろいを捉える

　ある人がある商品を欲しいと思った瞬間に、自社の商品の広告をその人に当てることが、究極のOne to Oneコミュニケーションと言えます。そのためにはターゲティングと同じくらい、ターゲットが欲しいと思う瞬間（モーメント）を捉えることが重要になります（図3）。

　例えば、家具メーカーがデジタル広告を打つ場合を考えます。引っ越しする人は、家具を買う可能性の高い人と言えます。「賃貸マンション」「新築マンション」「中古マンション」「新築戸建て」「中古戸建て」の検索をしている人は、「こんな家に住むなら、こんな家具がいいな」というモーメントだと言えます。家の購入を決めた人は、住宅ローンの閲覧をはじめます。この時、「この家に住むなら、こんな家具がいいかな」とモーメントは変化します。引っ越し前になると、自治体のサイトや幼稚園、小学校、中学校のWEBサイトを調べます。この時のモーメントは、「そろそろ家具を決めないと、間に合わない」となります。最後に、水道、電気、ガスなどのライフラインのWEBサイトを調べ始めます。「カーテンは決まったけど、ソファをどうしよう」という、まだ決まっていない家具があるモーメントである可能性が高いでしょう。

　このように、物を購入する時の気持ちは常に変化しています。車であれば、買ったばかりの人、1回目の車検の人、3回目の車検の人ではそれぞれモーメントは違いますし、エコカー減税などの外部要因

によってもモーメントは変化します。また、人々がモバイル端末を常に持ち歩いている現代では、消費者は知りたいことを知りたいと思ったときにすぐに調べることができます。この瞬間のことをマイクロモーメントと言い、モバイル時代のアドのキーワードになっています。

図3 モーメントを捉える

物を購入する時の気持ちは、刻一刻と変化している

「賃貸マンション」「新築マンション」「中古マンション」「新築戸建て」「中古戸建て」を検索

> こんな家に住むなら、こんな家具がいいな

住宅ローンサイトの閲覧

> この家に住むなら、こんな家具がいいかな

自治体のサイトや幼稚園や小学校、中学校のサイトを閲覧

> そろそろ家具を決めないと、間に合わない

水道、電気、ガスなどインフラのサイトを閲覧

> カーテンは決まったけど、ソファをどうしよう

No.

04

［デジタル広告の特徴］

SEM

● 検索による広告

SEMとはSearch Engine Marketingの略で、検索経由による
アクセス数増加・顧客獲得を目的としたマーケティング手法の総
称です（図4）。**代表的な手法として、リスティング広告とSEOがあ
ります。**

リスティング広告とは、GoogleやYahoo!など各検索エンジンの
提携サイトの検索結果ページやニュースサイトなどに広告を掲載
できるサービスです。検索連動型広告と、コンテンツ連動型広告
に大別されます。

検索連動型広告は、ユーザーが検索したキーワードや閲覧した
ページを自動的に分析し、その内容に即した広告を配信します。も
ともとある特定の分野に興味を持っている層に働きかけることが
できるため、訴求効果が高いと言われています。コンテンツ連動
型広告は、ユーザーが見ているコンテンツに連動して表示される
ものです。

一方、SEO（Search Engine Optimization）とは、自然検索枠
(検索結果ページの広告ではない部分)での上位掲載を目指すため
の方法です。検索結果の表示順位は、各検索エンジン独自のアル
ゴリズムによって決定されます。

アルゴリズムは明かされていませんが、上位に表示させるため
には多くの人が検索したくなる良質なコンテンツが掲載されてい
ること、サイトへのリンクが増えることなど、様々な要素を継続

的に検証していく必要があります。

　出稿すればすぐに検索結果に表示されるようになるリスティング広告とは異なり、SEOは地道な取り組みです。一方で、良質なコンテンツを充実させることができれば、検索エンジンからの中長期的なユーザーの流入が見込めます。リスティング広告とSEOの差異をよく理解して、目的に合った手法を選択することが大切です。

図4　SEM、SEO、リスティング広告の関係性

No.

05

［デジタル広告の特徴］

バナー広告

● デジタルマーケティングの基本

バナー広告は、リスティング広告と並ぶ、ネット広告の主要なフォーマットの一つです。**出稿する媒体によって主に、インバナー広告、インフィード広告、インストリーム広告に分けられます**（図5）。

インバナー広告は、WEBサイトやアプリ上の広告枠に表示される広告です。ディスプレイ広告や単にバナー広告と呼ばれることが多く、画像などをクリックしたユーザーを広告主が設定したWEBサイトへ移動させることができます。サービスを知らない層へ認知させることが得意な手法で、潜在的なニーズを引き出すことができます。

インフィード広告は、主にニュースアプリやSNSのフィード上に表示される広告です。フィードに流れるコンテンツと非常に近い広告フォーマットであるため、サイトを閲覧しているユーザーの邪魔をすることなく目に留まり、違和感なく情報を伝えることができます。

インストリーム広告は、YouTubeなどの動画サイトで配信される広告です。動画コンテンツの前に再生されるプリロール広告、動画広告表示後の数秒後にユーザーが視聴選択できるスキッパブル広告、強制的に再生される「ノンスキッパブル広告」があります。また、動画の視聴中・視聴後に流れる広告も増えています。

インストリーム広告に限らず、インバナー広告やインフィード広告においても、通信技術の発達に伴って動画の活用が進んでいます。

図5 バナー広告の種類

インバナー

WEBサイトや
アプリ上の広告枠に
表示される

インフィード

ニュースアプリやSNS
のフィード上に
表示される

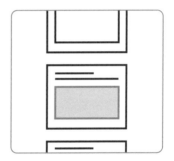

インストリーム

YouTubeなどの
動画サイトで
配信される

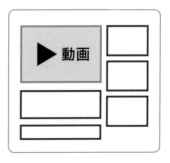

No.
06

［動画広告の種類］
TrueViewインストリーム広告

◉ 動画の前・途中・最後に流れる広告

YouTubeは月間6200万人を超える幅広い年代層のユーザーを抱える国民的メディアです。その中で、最も有名な動画広告メニューがTrueViewインストリーム広告です（図6）。

これはYouTube動画の前・途中・最後に流れる広告で、その名の通り「しっかり見てもらえる」ことが特徴です。動画を探しに来るような前のめりの人、中でもYouTube上で広告をあまりスキップしない人に優先的に広告を配信できます。

また5秒の強制視聴と30秒のCPV（Cost Per View）課金という、広告をしっかり見てもらう工夫がなされています。TrueViewインストリーム広告では、なんと言っても冒頭5秒間の使い方が重要です。

ターゲットに自分ごと化させる名指しコピーや、アイキャッチとなるビジュアルを使うことでスキップ率を下げたり、続きが見たくなるような仕掛けを作ります。そして、完全視聴率（動画広告が表示された回数のうち最後まで視聴された割合）を上げるために、変化のある展開を心がけます。

さらに、媒体出稿額に応じて無料で付属する「ブランドリフト調査」も有用です。①広告想起、②認知、③検討、④意向、⑤好意といった指標を計測できるので、視聴者の心理変容を知ることができきます。

メニューは多岐に渡り、リーチに特化した「TrueView for Reach」、

アクション誘導がついた「TrueView for Action」もあります。加えて、縦型動画広告も始まり、今後TVCMを編集したものだけではなく、さまざまなクリエーティブが生まれてくると予想されます。

図6 TrueViewインストリーム広告の特徴

広告再生の流れと課金ポイント

予約型スキッパブル動画広告は最大6分

秒 0 ── 5 ────────── 30 ── ∞

強制視聴時間

CPV課金ポイント視聴カウント

YouTube動画の前・途中・最後に流れる

ターゲティング精度が高い

冒頭の5秒間が重要

ブランドリフト調査ができる

No.

07

［動画広告の種類］
Bumper広告

◉ 最大6秒の短尺動画広告

　Bumper広告はYouTube動画が始まる前に流れる最大6秒の短尺動画広告です（図7）。強制視聴ながら短い尺のため、ユーザーのストレスは比較的低い広告となります。経済的にリーチが稼げるため、商品・サービスの新登場時など、認知を広げたい時に適しています。また、キャンペーンがローンチした後にリマインドするといった使い方もできます。

　スマホ画面での視聴、6秒間、TVCMのように開始の予告がないという制約条件を考えると「画角を狭くする」「伝えることを1つに絞る」「急に始まっても印象に残るようにする」といった工夫が必要になります。そのため、単にTVCMを6秒に圧縮しているものはパフォーマンスが低くなる傾向にあります。

　また、Googleの中にあるUnskipable Labsという部署の研究によると、広告想起率が高いBumper広告には、①赤や青などビビッドな色を使う、②キーメッセージは音声に加えて大きな文字を入れる、③人物や商品は引き絵よりも寄り絵を使う、④ブランドロゴは開始4秒以内に真ん中または左側に配置する、という共通点があると言います。ただし、新しい表現の誕生に伴ってこのような工夫点も更新されるので、定期的にチェックしていく必要があります。

　認知の向上に優位でかつ6秒という特性から、ギャグや押し出しの強いものが作られる傾向にありましたが、TrueViewインストリーム広告と同様にターゲティング精度が高いので、近年アメリカではブラ

ンディングに利用する例も出てきました。ブランドリフトを効果指標とすることもできるので、日本でも高級ブランドの利用が増えていくかもしれません。

図7 Bumper広告の特徴

広告再生の流れと課金ポイント

秒 0 ――――――――――――――――――――――― 6

CPM課金

強制視聴時間

YouTube動画の前に流れる

ターゲティング精度が高い

ユーザーストレスが比較的低い

認知を広げたいときに有効

No.

08

[動画広告の種類]

SNSとCNSの動画広告

● インストリーム型とアウトストリーム型

デジタル動画広告は、コンテンツの間や前後に掲載される「インストリーム型」と、コンテンツの外の広告枠に掲載される「アウトストリーム型」に大別されます。

アウトストリーム型の中でも、近年SNS（ソーシャル・ネットワーキング・サービス）およびCNS（コンテンツ・ネットワーキング・サービス）のタイムラインに掲載される動画広告が増えています。それを「インフィード型」と呼びます（図8）。

インフィード型は、タイムラインに流れてくる広告であるため、ほかのタイプよりもよりシビアにアテンションを取る必要があります。具体的には「一瞬でスマホをスクロールする指を止めるにはどうするか？」を考えることが重要となります。有名タレントや大きなビジュアルをトップカットに持ってくると効果的な場合が多いです。

また、画面占有面積が大きいほど目に留まりやすいので、動画を縦型で制作した方がよいとされています。各プラットフォームにより、ユーザーや機能や媒体ルールなどの特性が異なるため、それらを踏まえて動画広告を制作することも重要となります。

● アプリ別インフィード型広告の特徴

Facebookは、9：16というフルサイズの縦型動画を配信可能なので、縦型を配信するのに適したメディアです。その他のサイズも細かく網羅することができます。Instagramは、フォトジェニックな世界

観を意識したビジュアルかどうかが鍵となります。Twitterは、トレンドやシーズナリティとの相性が良い傾向にあります。RT（リツイート）や@返信という機能があるため、インタラクティブな仕掛けをするのにも適しています。LINEは、友達とトークをするメディアでもあるため、タイトルを口コミ風にするなど、親近感がわくようなトンマナに（トーン＆マナー）することが必要です。

このように同じインフィード型でもそれぞれの特徴を把握していると効果の高い動画広告を作ることができます。

図8 アプリ別インフィード型広告の特徴

Facebook
- フォーマットを活かした表現
- テキスト20%ルールを意識
- サイズを調整する

Instagram
- シンプルで具体的なワンメッセージ
- フィードに馴染むデザイン
- フォトジェニックな世界観

Twitter
- トレンド/シーズナリティを意識
- アイキャッチなTD（タイトル&ディスクリプション）
- 「参加」させる工夫を

LINE
- 冒頭でオファーを用いる
- ユーザー投稿風のビジュアル
- タイトルを口コミ風に

No.

09

[メディア別の動画広告の特徴]

Facebookの動画広告

● 画角の使い方が最も重要

　Facebookは、マーク・ザッカーバーグが生んだ世界最大のSNSで国内月間ユーザー数は2600万人に上ります。実名で登録し、年齢・性別・居住地・ライフステージなど個人情報も扱われているため、そのデータを活用したターゲティング精度の高さと項目の豊富さが特徴です。また、40〜60代も多く利用していることから、ミドルシニアへのアプローチにも優れています。

　動画広告メニューには、Video AdインフィードとLink Adインフィードがあります（図9）。

　Video Adインフィードは、フィード上で広告が自動再生されます。最大240分まで流すことができますが、1秒で課金されるCPM課金と10秒で課金されるCPV課金が中心となっているため、15秒以内の動画が推奨されています。自動再生時には音声が流れず、7割が無音声での視聴と言われているため、字幕をしっかりとつけることが重要となります。

　Link Adインフィードは動画広告に加えてリンク機能がついているため、動画とバナーのいい所どりが可能です。こちらはクリックを指標とするCPC課金も選択可能です。

　広告制作時は、画角の使い方が最も重要です。9：16のフルスクリーン動画が流せるため、積極的に縦型撮影を行った方がよいでしょう。画面占有率を上げることで、ユーザーの興味を惹きつけ、視聴率やリーチ効率を上げることができます。

またフィードを見ている指を止めるために、名指しコピーやアイキャッチとなるビジュアルは、TrueViewよりも重要となります。

このような縦型動画広告は、Facebook社が積極的に研究を進めています。音楽のビートに合わせて映像を切り替えることでスキップを防止する「エイトビート構造」、スマホ上に指を置くことで内容が変化する「インタラクティブ」といった、デジタルならではの動画クリエーティブの可能性が広がっています。

図9 Facebookの動画広告の特徴

No.

10

［メディア別の動画広告の特徴］

Instagramの動画広告

◎ ストーリーズの使い方が鍵を握る

　Instagramは、Facebook社が運営しているビジュアル共有型のSNSです。国内月間ユーザー数は3300万人に上り、日本ではFacebookよりも勢いのあるメディアと言えます。「インスタ映え」という言葉がある通り、フォトジェニックな投稿が集まるのが最大の特徴で、その投稿により影響力を持ったユーザーを「インスタグラマー」と呼びます。ユーザー数として多い若年女子へのリーチに優れています。また、Facebookのデータと連携したターゲティングや広告配信ができるのも強みです。

　動画広告メニューには、2種類のVideo Adがあります（図10）。Video Adインフィードは、フィード上で再生される動画広告で、画角は最大4:5まで対応しています。メディアの世界観を大事にしているため、動画広告は最大60秒。Facebookと同様に1秒で課金されるCPM課金と10秒で課金されるCPV課金が中心となるため、ビジュアルで惹きつける短尺が推奨されています。また、自動再生時に音声が流れないため、世界観に合った字幕を入れることが重要です。

　Video Adストーリーズは、Instagramストーリーズで流れる縦型フルスクリーン動画広告です。ストーリーズとは、24時間で消えてしまう限定投稿コーナーのことで、瞬間的な気持ちやできごとの共有に使われています。ユーザー投稿の間に入る形で、1本当たり15秒の動画を4本まで（計60秒）配信できます。

　広告制作時は、ムービージェニックな動画広告を目指すのはもちろんのこと、ストーリーズの使い方が鍵となります。主に、「スワイプ」「ギ

ミック」「スタンプ」という３つの機能に合わせて制作します。

　「スワイプ」は指で高速に横スワイプするユーザーに対して、冒頭１秒が大切になるため、ワンカットが推奨されています。また動画中、縦スワイプでサイトに飛べるため、スワイプアクションを入れることも大事です。「ギミック」はフルスクリーンを大胆に使ったインタラクティブな仕掛けを入れて注意を引くことも有効です。「スタンプ」は絵文字やアンケート機能など、スタンプを活用するとCTRを上げることができます。

図10 Instagramの動画広告の特徴

CHAPTER

3

No.

11

［メディア別の動画広告の特徴］
Twitterの動画広告

◉ 拡散されるコンテンツ作りが重要

　Twitterは140文字以内のつぶやきを投稿するソーシャルメディアです。匿名登録が可能で、言語的な交流が中心であるため、人よりも話題でつながることが多い特性があります。話題をシェアするRT（リツイート）や話題をタグ化する#（ハッシュタグ）といった機能が盛んに使われているため、拡散性が非常に高く、リーチに優れています。

　日本人の国民性ともマッチしており、国内月間ユーザー数はFacebookやInstagramを上回る4500万人以上であり、特に、サブカル好きな若年層とは抜群の相性を誇ります。

　動画広告としては、主にプロモビデオがあります（図11）。Twitterタイムライン上で再生される動画広告のことで、最大10分までの動画広告配信が可能です。ただし、CPV課金の秒数は2〜3秒なので、注意が必要です。画角は16：9か1：1が中心のため、縦型制作にこだわる必要はありません。サイト誘引したい時は、投稿本文にURLをつけるだけでなく、動画広告にリンク機能がついたビデオウェブサイトカードの活用がおすすめです。

　動画広告には、選択肢のボタンを設置できるカンバセーショナルカード、アンケートを集計できるアンケート機能、RT（リツイート）するとコンテンツが返ってくるインスタントアンロックカード、その場でクジに参加できるインスタントウィンといった多様な機能をつけることができます。単に動画広告を見るだけでなく、能動的に動画に触れるので、エンゲージメントを上げる効果があります。

広告制作時は、細かな最適化テクニックよりも拡散されるコンテンツを作ることが重要です。**広告に加えてRTで拡散されたり、トレンドにランクインすると大きな注目を集め、オーガニックリーチが期待できる**からです。世の中のモーメントやバズネタ、サブカルネタ、社会問題を意識するとよいでしょう。最近では、LIVE配信なども行われており、ますます盛り上がりを作れるメディアとなっており、広告の大規模キャンペーンでの活用が増えていくことが予想されます。

図11 Twitter動画広告の特徴

プロモビデオ	ビデオウェブサイトカード

広告再生の流れと課金ポイント

50%表示　100%表示

秒 0 2 3　　　最大10分

CPV課金ポイント
視聴カウント

- 拡散性がある
- タイムライン上で再生
- 縦型と横型に対応
- コンテンツが重要

広告再生の流れと課金ポイント

50%表示　100%表示

秒 0 2 3　　　最大10分

CPV課金ポイント
視聴カウント

- 拡散性がある
- タイムライン上で再生
- リンク機能が付属
- コンテンツが重要

No. 12

［メディア別の動画広告の特徴］
LINEの動画広告

◉ 親近感を出すことがポイント

　LINEは、2011年の東日本大震災をきっかけに日本で誕生し、国内月間ユーザー数は8400万人に上る、日本最大のアクティブ率を誇るSNSです。

　友だちと連絡を取り合う「トーク」、フィード面に投稿できる「タイムライン」、その日の出来事が集まる「ニュース」、PAYやポイントなど金融資産を管理する「ウォレット」など、機能ごとにタブが分かれているのが特徴です。スマホユーザーのほとんどが活用しているため、幅広い年代へのアプローチが可能で、他のメディアが苦手とする主婦層へのリーチにも優れています。

　動画広告メニューには、主にVIDEO ADとポイントビデオがあります。VIDEO ADは、LINEタイムライン上で再生される動画広告です。最大120秒までの動画が可能で、表示時に課金されるCPM課金となります。LINEのユーザーデータを活用したターゲティングやブランドリフト調査をすることができます。

　一方ポイントビデオは、動画視聴完了ユーザーにインセンティブとしてLINEポイントを付与するメニューです。ポイントが付くので最後まで観てもらえたり、アクションを喚起できたりとLINEならではのメニューとなります。最大60秒の視聴完了課金となります。

　広告制作時のポイントはLINEらしい親近感を意識することです。スタンプコミュニケーションに代表されるように友だち感やポップな世界観が特徴なため、そのトンマナに合わせてクリエーティブを作る

ことが大切です。商品だけを描くより、人が商品をおすすめしている形式の方が獲得効果が高いというデータもあるようです。

　ほかにも、誰もが使っているトークやニュース面に掲載できるEXPAND広告メニューもあり、TVのように一気にリーチを取る使い方に向いています。また新型コロナウイルス感染症対策で厚生労働省とともにアンケート調査をしたりと、国民的メディアだからこその社会貢献的な活用もされています。

図12　LINE の動画広告の特徴

VIDEO AD　　　　　　　ポイントビデオ

広告再生の流れと課金ポイント　　　広告再生の流れと課金ポイント

視聴カウント定義：50%表示/2秒再生

秒　0　　　　　　　　　　　秒　0

CPM課金　　　　　最大120秒　　　　　　　最大60秒
　　　　　　　　　　　　　　　　　　　視聴完了課金

幅広い年代へのアプローチに有効　　　幅広い年代へのアプローチに有効
タイムライン上で再生　　　　　　　タイムライン上で再生
ターゲティング精度が高い　　　　　視聴完了後にLINEポイントを付与
ブランドリフト調査ができる　　　　最後まで観てもらいやすい

No.

13

［メディア別の動画広告の特徴］
Amazonの動画広告

● 購買データに基づくターゲティングが魅力

Amazonは、ジェフ・ベゾスが生んだECサイトです。海外のみならず日本での認知者・利用者数も多く、生活に定着しているインフラと言えます。

近年、Amazon、楽天、Yahoo!といったECサイトの成長とともに、動画による広告配信も盛んになってきました。その最大の特徴は、購買／閲覧履歴などのECデータを活用できることです。

ライフステージや趣味といった個人の意識データではなく、購買データに基づくターゲティングを行い、買い場に直接誘引することができるので、CVへの強みが発揮できるメディアと言えます。

特徴的なのは、広告メニューをサイト内外に配信できることです（図13）。Video Adsは、Amazon内に配信できる唯一の動画広告です。最大3分までの動画広告が自動再生されます。

AAP-SS Videoは、Amazon外への動画広告です。購買／閲覧履歴などのECデータを活用し、購買意欲の高いユーザーへの広告リーチが可能です。Teads.tvといった優良な動画広告サイトへも配信できます。

AAP-SS Videoの再生は基本的には最大30秒ですが、Teads.tvに配信する場合は、尺の制限はありません。またインタラクティブ性の高い広告にすることも可能です。

このようなAmazonの第三者配信広告は、DMPとの連携が鍵となってきます。例えば、電通が保有しているPeople Driven-DMPと連携すれば、フルファネルでの購買の動きを追うことができるようになります。

TV視聴データが取れるSTADIAによって、TVCMに接触した人にターゲティングを行い、Amazonへ広告配信。その後、購入に至ったかどうか、認知から購買まで計測することができるのです。

　デジタルマーケティングの進行に伴い、ECプラットフォーム型動画広告は、今後ますます注目されることが予想されます。

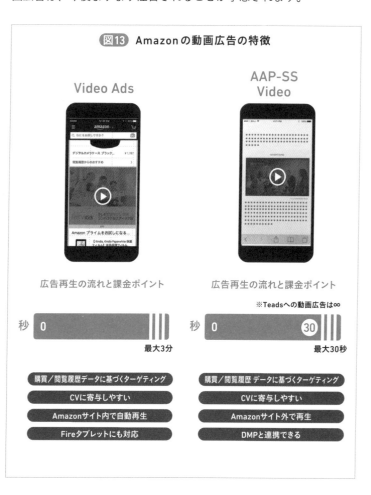

図13 Amazonの動画広告の特徴

Video Ads

AAP-SS Video

広告再生の流れと課金ポイント

広告再生の流れと課金ポイント

※Teadsへの動画広告は∞

秒　0　　　　　　　　最大3分

秒　0　　　　30　最大30秒

- 購買／閲覧履歴データに基づくターゲティング
- CVに寄与しやすい
- Amazonサイト内で自動再生
- Fireタブレットにも対応

- 購買／閲覧履歴データに基づくターゲティング
- CVに寄与しやすい
- Amazonサイト外で再生
- DMPと連携できる

No.
14

［デジタル広告の実際］
メディア最適化

● パフォーマンスを最大化する

一般的に「メディア最適化」というと、PC用のWEBサイトをスマホでも閲覧しやすいようにすることを指すことが多いです。しかしここでは、**各デジタルメディアのフォーマットやルールに合わせて、最もパフォーマンスが出るように、クリエーティブを最適な形に修正していくこと**を指します（図14）。

検索しても出てこない新しい考え方です。一昔前では、TVCMをほぼそのまま様々なデジタルメディアに配信していました。あるクライアントでは、最適化した動画と、していない動画の両方を配信し、その結果を計測しました。最適化した動画はとてもいいパフォーマンスでしたが、TVCMをそのまま流した場合はリフト値（ある商品の購買が他の商品の購買とどの程度相関しているかを示す指標）がゼロという結果が出ました。つまり、お金の無駄だということが分かりました。

GoogleやFacebookでは自社の広告メディアで、どのようなクリエーティブが効果的だったかという研究をしています。Googleの Unskipable Labsでは、何百万という動画広告を計測・検証し、その結果を公開しています。

効果的なBumper広告をつくるために必要な4つの要素（3-07参照）、完全視聴率が高いTrueView広告の秒数などがデータで示されています。また、Facebookには「クリエイティブショップ」というチームがあり、そこでも効果的な広告クリエーティブのコツの勉

強会を開いています。

特に、FacebookやInstagramではスマホを縦にしたまま視聴されることが多いので、縦型に最適化をすることでパフォーマンスが上がります。このことをFacebookはモバイル最適化と言っています。縦にしたスマホでのフィード上に、TVCMと同じフォーマットの16：9の画角の広告が流れることを想像してみてください。縦型の動画の方が画面占有率が高く、目に留まり、印象に残りやすいことはある意味当たり前だと言えます。しかしこうした情報が、まだ一般的にはなっていません。

メディア最適化はまだまだ始まったばかりの分野ですが、プラットフォーマーもこれらのコツを公開することで、自らの媒体価値が上がるので、様々な場所で勉強会を開いたり、広告代理店と協働プロジェクトを立ち上げたりしています。広告パフォーマンスが上がることで最も恩恵を受けるのは、もちろんクライアントです。

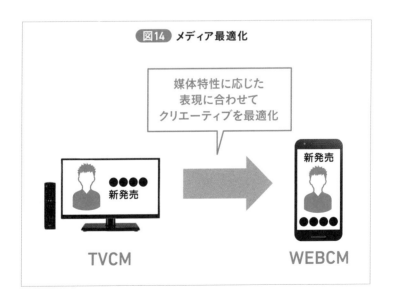

図14 メディア最適化

媒体特性に応じた表現に合わせてクリエーティブを最適化

TVCM

WEBCM

新発売

新発売

No.

15

［ デジタル広告の実際 ］

位置情報を活用した
アドテクノロジー

◉ O2O の実装

　従来のデジタル広告のターゲティングでは、多くの場合、オンライン上における資料ダウンロード数や申込み数などがKPIとして設定され、来店した人の数など生活者のリアルな行動までを追うことはできませんでした。

　しかし、**オンラインの施策によって、オフラインのアクティビティにどう影響があったのかを把握する環境が整ってきました。**O2O（Online to Offline）と呼ばれる取り組みです（図15）。

　位置情報を活用した広告配信・分析サービスでは、リアル世界での行動データを元に興味・関心などを定義し、広告に接触したユーザーの実店舗への来店計測を経て、分析までを一気通貫でできます。提携しているWi-Fiアクセスポイントから毎日30億件以上の位置情報が提供され、生活者のライフスタイルを位置情報をベースに切り取ることができる「シナラ」は、膨大な位置情報とCookieやアプリIDを照合し、精度の高いターゲティングと計測環境を提供できます。

　このことにより、**特定のユーザー向けにカスタマイズしたメッセージを、ユーザーにとって最適な瞬間に届けることができます。**例えば「JR中野駅の朝7:00〜9:30」に広告配信をすることで「出勤中」のユーザー向けにメッセージを送れます。Google広告でも、広告を出稿したことによってどれだけリアル店舗への集客につながったかを計測することが可能です。

　また、電子決済サービスが普及してきて、その導入コストや利用手

数料は無料であることも多いと思います。それは、消費者一人ひとりの購買データを収集・分析して、より高度なマーケティングに生かすことを念頭に置いているからです。無料のサービスと引き換えに、データを渡すことが、当たり前の時代になりつつあります。

図15 YouTubeにおける来店CVの仕組み

位置情報を指定して
ジオターゲティング
広告を配信

➡️

アプリ・GPS・
ビーコンで来店検知

YouTube

PCモバイルタブレットで
YouTube TrueView
を視聴

視聴ユーザー
が来店

来店を測定

**来店ユーザーの内、水準に達したユーザーを
来店コンバージョンとして計測**

No.

16

[デジタル広告の実際]

AIを活用した
アドテクノロジー

◉ 機械学習、音声認識、顔認識

　AI（人工知能）の進歩は、広告マーケティングの世界においても一つの重要なトピックとなっています。既に運用型広告において、AIによる機械学習が幅広く活用されています。

　入札単価を自動的に設定する「自動入札機能」は、オークションのたびリアルタイムに「検索語句」「検索に使ったデバイス」「検索した地域」などの検索状況のデータを考慮しています。また、広告グループに複数の広告文があるときも、「検索語句」や「地域」などの検索状況に対して、より良い結果が期待できる広告を優先的に配信します。

　こうした「広告運用」は、従来は人間が細かくターゲティングして日夜調整を重ねてきましたが、「疲れなくて速い」AIはシミュレーションにおいて人間を圧倒しており、最近では「いかに機械学習を効率よく進めてもらうか」を念頭において設計・制作を行うことが増えてきています。

　運用型広告以外でも、例えば音声認識AIは著しい進歩を見せています。音声認識AIは音声を分析し、文字に変換したり機器を操作したりする技術です（図16）。専用の機器がなくても、スピーカーやスマートフォンで音声認識の機能を搭載するケースも増えてきました。

　音声認識技術が活用される代表的なものに「Google Home」をはじめとするスマートスピーカーがあります。声だけで操作が可能で、音楽を再生したり天気予報を尋ねたりすることができます。

さらに、Adobeが発表したAI「Sensei」は、顔認識技術を活用し、画像から人の眉、口、目などの位置を把握し、表情を簡単に変化させるなど、従来のクリエーティブ作業の大幅な効率化と、今までにない表現を生む可能性を提示しています。

　アドテクノロジーに限らず、デジタルマーケティング領域全般で、AIの活用がますます進んでいくことに伴い、クリエーターもその特徴を見極め、AIに使われるのではなく、上手に協業していくことが求められています。

図16 AIとアドテクノロジー

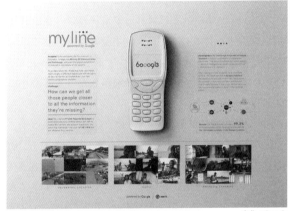

出典：Google

> パソコンが普及していないコロンビアでGoogle
> が行った施策。600093という番号に電話をする
> とGoogle Assistantにつながり、ネット検索を会
> 話ベースで行うことができる。

No.
17

［広告の新手］
プラットフォーマー
新メニュー

◉ AR、VRの出現と広告

　Google ARCoreは、GoogleがAndroid端末向けに提供しているARプラットフォームです（図17）。赤外線奥行きセンサーのような特殊なデバイスを必要とせずに、スマホ内蔵のカメラやモーションセンサーだけでARコンテンツを構築することができます。

　AppleもiOS向けにARKitと呼ばれるフレームワークを提供しています。AR技術の進歩は著しく、スマートフォンを通して現実に存在する物体にデジタルオブジェクトをぶつけると跳ね返ったり、実在する物体の後ろにデジタルオブジェクトを隠したりするような表現も可能になってきました。

　Google Lensは、カメラをかざすだけで様々な情報を表示・設定できるアプリです。カメラで写したテキストをコピーしたり、URLにアクセスしたり、商品や動物や植物など様々なものを検索したり、Google翻訳と連携して写した外国語を日本語にリアルタイム翻訳できたりします。スマートフォンを通してリアルとバーチャルを自由に行き来できるようになる世界が、そこまで来ています。

　一方、FacebookはOculus（VRのハードとソフトを提供する企業）を買収した後、VR/ARの研究を進めています。2019年9月には「Facebook Horizon」というネットワークを介して世界中のユーザーと繋がるソーシャルVRサービスを発表しました。プレイヤーは自身で作成したVRアバターを使用し、バーチャルワールドに参加します。

　このHorizonの中には、いろいろなブランドの仮想の看板、おもちゃ

や家具を購入できるFacebook運営のショップ、さらにはNIKEの靴や
Supremeのシャツなどのブランド品を扱うサードパーティーのモー
ルなどが登場することも想像できます。映画『レディ・プレイヤー1』
のように、現実ともう一つの世界で人々が生活し、物を買ったり娯楽
を楽しんだりする世界が来るとしたら、その中で広告もまた新しい進
化をすることでしょう。

　マーケティングの領域がリアルからインターネットへ、そしてさら
にバーチャル世界へ拡大していくにつれて、クリエーターが考えるべ
き領域も広げていく必要があります。

図17 Google ARCore と Google Lens

> AR（拡張現実）コンテンツを
> 誰でも簡単に作成できるように
> 提供しているフレームワーク

> スマホのカメラを向けた物に
> 関する詳細を簡単に
> 知ることができるアプリ

No. 18

［広告の新手］

スマートスピーカー

○ 検索のあり方を変える

　スマートスピーカーは正確には、音声駆動スマートスピーカー（VASS：Voice-Activated Smart Speaker）と呼ばれ、米国での普及率は2017年に21％、2018年に41％、2020年には75％に達すると予想されています。これは日本のiPhone4Sと同じ普及率です。

　スマートスピーカーの使用により何をする時間が減ったのか、という調査によると「ラジオ39％」「スマホ34％」「テレビ30％」「タブレット27％」「コンピュータ26％」「印刷物23％」「ホームオーディオそのほか17％」という結果になり、スマホの時間ですら減っていることが分かります。また、使用目的については「音楽61％」「天気予報60％」「面白い質問54％」「一般的な調査53％」「行き方39％」「リマインド39％」「買い物22％」という回答となり、**多くの人が検索に使っている実態があらわになりました**（図18）。

　スマートスピーカーのシェアをみると、2017年はAmazonのechoが約80％、Google Homeが約20％でしたが、2018年にはGoogle Homeが巻き返して約30％となりました。Googleがほぼ独占していた検索行動のビッグデータが、スマートスピーカーをきっかけにAmazonに移行する可能性があり、Googleにとっては負けられない戦いになっています。AppleのHomePodが後塵を拝しているのはAppleにとっては痛手と言えるでしょう。

　音声検索は検索している人の性別や切迫性、後ろで赤ちゃんが泣いていれば赤ちゃんのいる家庭であること、猫が鳴けば猫を飼って

いることが分かるなど、**キーボード検索と比べてその情報量は格段に多くなります。** また、テレビのチャンネルをスマートスピーカーを通して変えれば、その人が何時にどのチャンネルに合わせていたのかも分かります。

図18 音声検索と文字検索

文字検索から
音声検索の時代へシフト

読み書きよりも早く、スマホを使いこなす時代

■非デジタルネイティブの経験

字の
読み書き ▶ PC ▶ スマホ ▶ 音声検索

■デジタルネイティブの経験

スマホ
=音声検索 ▶ 字の
読み書き

No.

19

［広告のデータ活用］

DMP

◉ データを管理・分析し、広告配信を最適化する

　DMP（Data Management Platform）とは、インターネット上の様々なサーバーに蓄積されるビッグデータや自社サイトのログデータなどを一元管理、分析し、最終的に広告配信などのアクションプランの最適化を実現するためのプラットフォームのことです（図19）。DMPは「オープンDMP」（パブリックDMP）と「プライベートDMP」の2種類に分類できます。オープンDMPは、WEBサイト訪問ユーザーのデモグラフィック情報や、興味・関心・嗜好性などの外部のオーディエンスデータ（サードパーティーデータ）とデータエクスチェンジさせることができるクラウド型のデータプラットフォーム（様々なWEBサイトのオーディエンスデータを集約して整理するデータ格納庫のようなもの）のことです。

　プライベートDMPは、オープンDMPの領域に加え、企業独自のマーケティングデータ（購買情報、ユーザープロファイル、各種プロモーションの結果など）といったファーストパーティーデータを集約し、これを外部のオーディエンス情報と同期させ構築するプラットフォームです。データ格納先が企業側にある点がポイントです。

　DMP導入のメリットは、アクセス解析や自社の顧客情報だけでは取得できないWEB上の様々なデータ（サードパーティーデータ）を用いて広告配信を行うことや、サードパーティーデータと自社が保有する顧客データを組み合わせて、パーソナル情報を充実させ、広告以外も含めて様々なマーケティング活動に活かせるところにあります。

最近では、より「個人」に焦点を当てたマーケティングを目指して、CDP（Customer Data Platform）と呼ばれるサービスも注目されています。CDPとは、顧客一人ひとりの属性データや行動データを収集・蓄積・統合するためのデータプラットフォームです。キーが顧客個人であることが特徴で、WEB訪問履歴を代表とするログデータに限らず、オフラインの購買情報や位置情報、アスキングデータ、IoT対応の製品から得られるデータなども収集、統合しています。

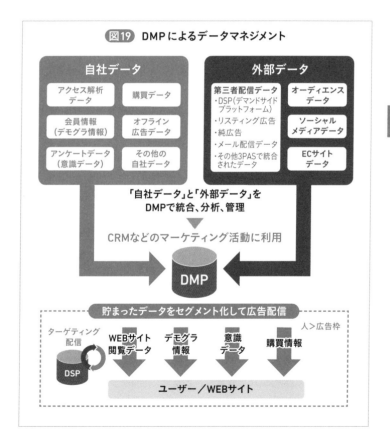

図19 DMPによるデータマネジメント

自社データ

アクセス解析データ	購買データ
会員情報（デモグラ情報）	オフライン広告データ
アンケートデータ（意識データ）	その他の自社データ

外部データ

第三者配信データ
・DSP（デマンドサイドプラットフォーム）
・リスティング広告
・純広告
・メール配信データ
・その他3PASで統合されたデータ

オーディエンスデータ

ソーシャルメディアデータ

ECサイトデータ

「自社データ」と「外部データ」を
DMPで統合、分析、管理

CRMなどのマーケティング活動に利用

DMP

貯まったデータをセグメント化して広告配信

ターゲティング配信

DSP

人＞広告枠

WEBサイト閲覧データ　デモグラ情報　意識データ　購買情報

ユーザー／WEBサイト

No.

20

［広告のデータ活用］
CRM

◉ 顧客との関係性を維持するツール

CRM（Customer Relationship Management）とは、顧客との継続的で良好な関係構築のためのマネジメント手法です。商品購入後の営業担当のアプローチ履歴や他の商品の購入履歴、意見、苦情、要望などの顧客情報を管理し、それらの情報を分析して、既存顧客のニーズに沿ったアプローチを図ります。

そうすることで、顧客との関係の維持や顧客満足度の向上から、顧客の囲い込み、ファン化につながり、ひいては一人あたりの購買額の最大化や長期的な収益の向上が期待できます。

CRMとよく混同される概念として、MA（Marketing Automation）があります。MAとは見込顧客の獲得から育成、絞り込みまでを仕組み化するものです。BtoBマーケティングの重要な役割の一つに、見込顧客を獲得し育成した上で、営業部門へと引き渡すことがあります。

MAは、この一連の作業を効率よく進めるために考え出された仕組みであり、MAツールにはそれを可能とするための機能が搭載されます。

◉ MAとCRMの役割分担

MAとCRMは扱う領域が異なります（図20）。MAが案件化前の見込顧客の管理・育成を目的とするのに対して、CRMは基本的に既に自社との取引がある顧客の情報を管理し、よりよい関係を構築することを目的とするものです。

自社がまだ十分な見込顧客リストを獲得できていないならMA、既に

それなりの既存顧客があり、既存顧客からの継続注文獲得やクロスセル・アップセルなどに注力したいのであればCRMを導入しましょう。

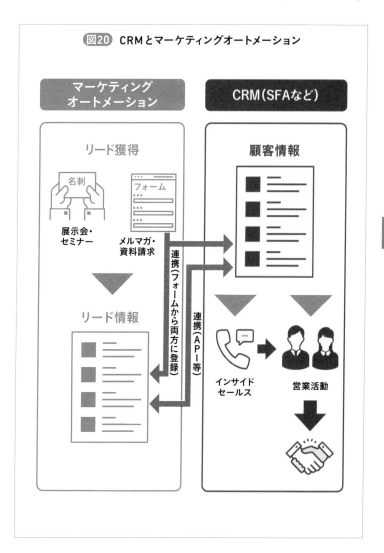

図20 CRMとマーケティングオートメーション

COLUMN AIは広告をどう変えるか

　今世の中で起きているデジタル化の波を支えているのはAIといっても過言ではありません。広告の中でも、IoTによって得られる行動や、時には感情のデータもAIによって分析され、広告効果を高めるために活用されています（図21）。AIが広告を変えていく分野は大きく分けて3つあります。「ターゲティング、広告配信」「クリエーティブ」「クリエーティブ制作ツール」です。

●ターゲティング、広告配信の精緻化

　YouTube広告のターゲティングは、性別、年代といったデモグラフィック、興味・関心、キーワード、トピック、リマーケティングなどなど多岐にわたり、誰がどんな場所でタイミングで、何を見ていたのか、何を検索していたのか、という複雑なビッグデータをAIが学習しながらターゲティングの精度を高めています。

　また、どんな広告クリエーティブが見られているのかをAIが学習し、広告配信を最適化しています。プラットフォーマーはAIを活用することで、広告の効果を上げ、自らの媒体としての価値を上げています。

●クリエーティブそのものの変化

　例えば、電通グループにはAIが広告コピーを書くAIコピーライター「AICO」がいます。AIと人間のどちらがコピーを書いたのか見分けるという実験では、ほぼどちらが書いたのかは分からないという結果がでました。

また、バナーをAIが自動で生成するツールもあります。AIのコピーライターがコピーを書き、写真をフォトストックから探し、レイアウトし、過去の配信結果からCTRを予測します。

　さらには、天候やTwitterの全量データといった外部データに応じて広告クリエーティブを出し分けるツールもあります。O2O時代の到来を見越して、AIによるクリエーティブの生成や、自動配信の開発が進められています。

●クリエーティブ制作ツールの進化

　画像を合成する上で、合成したいものを切り抜く「マスク切り」という作業は大変手間がかかっていました。今では、AIが自動でマスクを切ってくれるようになりつつあります。

　また、複数のカタチとデザインパターンを読み込ませると、そのカタチとデザインの組み合わせをAIが自動で作る研究も進んでいます。**制作現場における人間の手間をAIがどんどん減らしています。**

　さらに、AIが感情や脳波を測定することで、広告クリエーティブの調査の精度を高めるようなツールも開発されています。

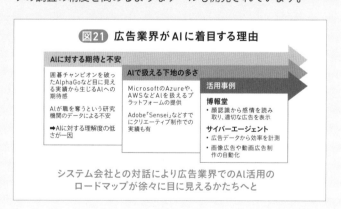

図21　広告業界がAIに着目する理由

AIに対する期待と不安

| 囲碁チャンピオンを破ったAlphaGoなど目に見える実績から生じるAIへの期待感 |
| AIが職を奪うという研究機関のデータによる不安 |
| ➡AIに対する理解度の低さが一因 |

AIで扱える下地の多さ

| MicrosoftのAzureや、AWSなどAIを扱えるプラットフォームの提供 |
| Adobe「Sensei」などですでにクリエーティブ制作での実績も有 |

活用事例

博報堂
・顔認識から感情を読み取り、適切な広告を表示

サイバーエージェント
・広告データから効率を計測
・画像広告や動画広告制作の自動化

システム会社との対話により広告業界でのAI活用のロードマップが徐々に目に見えるかたちへと

081

CHAPTER

4

ファネルという考え方

No. 01

［ファネルの概要］

ファネルとは

● 認知から購買に至った流れとその人数ボリュームを知る

　消費者は商品やサービスを、認知して、興味・関心を持ち、検討し、購買するという行動をとります。これら一連の態度と人数ボリュームを示した図をファネルと言います（図1）。**購買に至るまでに人数ボリュームが徐々に減り、図の形が漏斗（Funnel）の形に似ているのでファネルと呼ばれています。**

　認知から購買に至るまでのファネルを特にパーチェスファネルと言います。マーケッターやクリエーターは離脱していく人をどうやって減らすか、逆に言うと、態度が変わっていく人を増やすためにはどうすればいいかということを考えます。

　誰に、どんな媒体で、何を、どう伝えるのか、というコミュニケーションの戦略を整理するためにファネルの考え方は欠かせません。

　マスだけを考えていればよかった時代は終わりました。マスとデジタルをつないで広告戦略を考える現代では、打ち手の数が多いため、ファネルの役割に対応したクリエーティブを考える必要があります。

　図1では、ファネルを3段階に分けたトップファネル、ミドルファネル、ボトムファネルのそれぞれにおける役割を示しています。

　トップファネルは、商品の認知を広げ、興味を持ってもらうための施策です。ミドルファネルは、商品をもっと理解してもらいエンゲージメントを高めるための施策です。ボトムファネルは、検討段階にある人の背中を一押しして直接的に購買に結びつけるための施策とな

ります。

効率よく効果的な広告戦略を行うためには、ファネルに応じて施策全体のコミュニケーションを設計することが不可欠です。

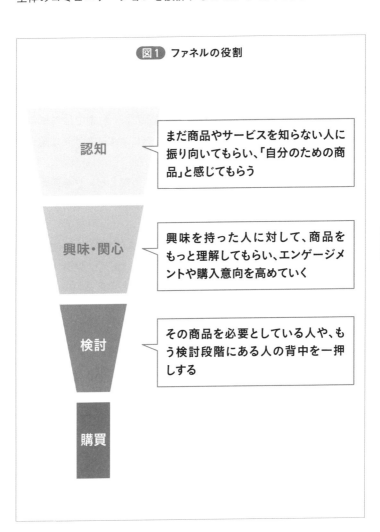

図1 ファネルの役割

認知　まだ商品やサービスを知らない人に振り向いてもらい、「自分のための商品」と感じてもらう

興味・関心　興味を持った人に対して、商品をもっと理解してもらい、エンゲージメントや購入意向を高めていく

検討　その商品を必要としている人や、もう検討段階にある人の背中を一押しする

購買

No.
02
［ファネルの概要］
デジタルのできる前の
ファネル

● TVCM全盛時代のパッケージ化されたファネル

　1990年代にデジタル広告が登場するまでの半世紀以上、パーチェスファネルにはほとんど変化がありませんでした。 それまでは視聴率が20％を超えるドラマはたくさんあり、その枠にTVCMを流せば国民のおよそ20％にリーチできることもありました。

　また、新聞の発行部数は1997年に5377万部とピークを迎え、全国紙・地方紙に広告を打てば国民の約半分、特に子ども以外の多くの大人にリーチすることが可能でした。

　このような時代では、認知メディアとしては、TVCMや15段の全面広告や30段の見開き広告が非常に有効でした（図2）。興味・関心メディアとしては、5段（全面の1/3の面積）などの文字の多い新聞への広告や全体的に売行きの良かった様々な種類の雑誌への広告も活用されました。

　検討メディアとしては、「今度の土日は○○フェアー」といった販売告知をする新聞広告、DM（ダイレクトメール）、折り込みチラシなどがよく利用されていました。

　例えば、新車のローンチの広告キャンペーンでは、TVCM、新聞見開き広告・5段広告、雑誌広告、折り込みチラシ、ラジオCMがパッケージで行われました。

　新聞広告は全国30紙、雑誌広告は全国100誌に出稿することが当たり前で、コマーシャルソングが大ヒットしたり、TVCMで鮮烈にデビューする女優もいました。これがTVCM全盛時代の広告キャンペー

ンですが、未だにマスだけを考えた広告を行っている企業も少なくないのが現状です。

図2 TVCM全盛時代のファネル

認知 → TVCM、新聞15段・30段広告
OOH、ラジオCM60秒

興味・関心 → 新聞5段広告、雑誌広告
タイアップ
インフォマーシャル

検討 → 販売告知
(新聞5段1/2、ラジオCM20秒)
DM、店頭ポップ

購買

No.
03
［ファネルの概要］
デジタル黎明期の
ファネル

● オウンドメディアとデジタルマーケティングの登場

デジタルの黎明期では、トップファネルにオンラインの動画広告が
生まれます。ただ、それはTVCMからの流用が大半でした。やがて、
ブランドサイト、キャンペーンサイトといった、いわゆる企業のホー
ムページ＝オウンドメディアが登場します。「続きはWEBで」という
TVCMがよく流れていたのもこのころです。CMでは言い切れないこ
と、新聞では書き切れないことに加えて、WEBカタログもオウンドメ
ディアに収めました。

また、サイトを訪れた人に楽しんでもらうために、トップページを
工夫したり、コンテンツを充実させたりといったコンテンツマーケ
ティングが始まりました。一方で、リッチなオウンドメディアを作っ
てもそこに呼び込む施策が弱く、お金をかけた割にはその効果がよく
分からないということも起こりました。

そして、「ボトムファネル＝刈り取り広告」としてバナーやリスティ
ング広告が登場し、デジタルマーケティングの幕が開きます。しかし、
トップファネルのTVCMとボトムファネルのデジタルマーケティングが
分断されたままの時代が長かったため、オンオフ統合（デジタルとマス
メディアの統合）という考え方は一般的ではありませんでした（図3）。
やがて、スマホの登場によって大きなゲームチェンジが起きました。
多くの人が、いつでもどこでもデジタル広告に触れるようになったの
です。また、通信環境が改善され、すべてのファネルにおいて動画広
告が効果を上げるようになりました（図4）。

図3 オンオフ未統合のファネル

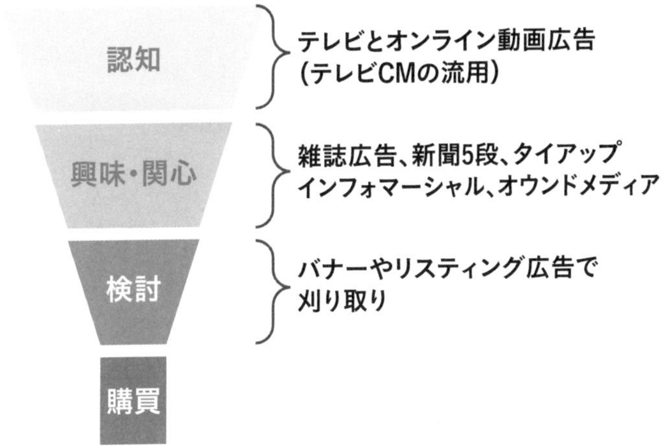

認知 } テレビとオンライン動画広告
（テレビCMの流用）

興味・関心 } 雑誌広告、新聞5段、タイアップ
インフォマーシャル、オウンドメディア

検討 } バナーやリスティング広告で
刈り取り

購買

図4 オフ統合のファネル

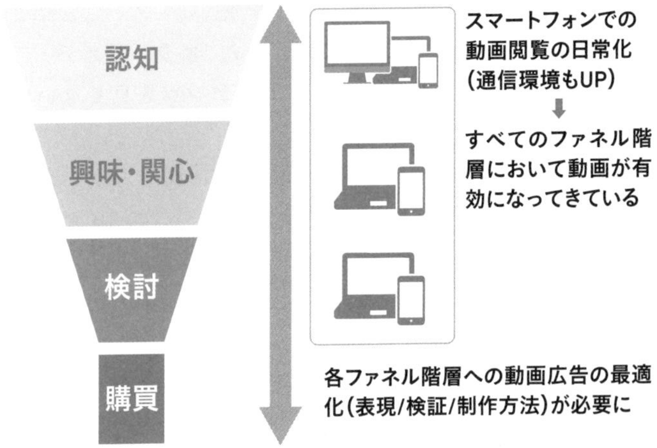

認知

興味・関心

検討

購買

スマートフォンでの
動画閲覧の日常化
（通信環境もUP）

↓

すべてのファネル階
層において動画が有
効になってきている

各ファネル階層への動画広告の最適
化（表現/検証/制作方法）が必要に

No.
04

［デジタル新時代のファネル］
Googleの提唱する
3H戦略

● HERO、HUB、HELPを考える

　Googleは2016年に3H戦略を提唱しました（図5）。HERO、HUB、HELPの頭文字をとった名称です。Googleというプラットフォームにどう広告を格納するか、という観点で作られています。

　Googleにはすべてのファネルの領域で使える広告メニューがあるからGoogleに広告を出稿することは効果的であるというキャンペーンでもありました。

　HEROコンテンツで広告を配信し認知を高め、HUBコンテンツでターゲットとブランドを結びつけ、興味を持った人にHELPコンテンツを見せるというのが基本戦略になります。ここで、広告配信を前提としているのはHEROだけです。また、オウンドメディアを訪れた人にいきなり説明的なHELPコンテンツを見せない作りです。

　しかし、デジタル広告の打ち手が増え、Google以外の広告メニューも駆使して成果を上げていくためには、この3H戦略だけでは語りきれないケースが増えてきています。

　また、WEB動画と言えばバズ、という誤解が生まれたのも、HERO動画は多くの人がシェアしたくなることが前提だからです。

　近年では、オリエンシート（5-01参照）に3H戦略で行くということを書くクライアントも増えてきています。ただ、HUBコンテンツの定義が曖昧だったり、獲得バナーであるにもかかわらず

HELPコンテンツに分類されるという不可解なことも起こっています。これらの状況に対応するために、3S というメソッドが生まれました。

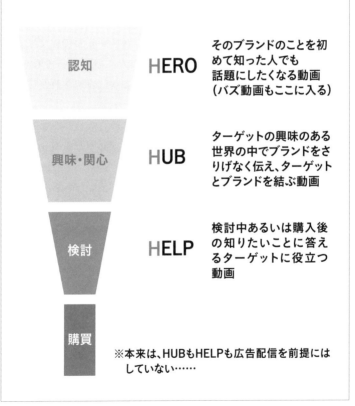

図5 3H 戦略

コンテンツ発想の動画
（オウンドメディアやアーンドメディアで有効）

認知	HERO	そのブランドのことを初めて知った人でも話題にしたくなる動画（バズ動画もここに入る）
興味・関心	HUB	ターゲットの興味のある世界の中でブランドをさりげなく伝え、ターゲットとブランドを結ぶ動画
検討	HELP	検討中あるいは購入後の知りたいことに答えるターゲットに役立つ動画
購買		※本来は、HUBもHELPも広告配信を前提にはしていない……

No. 05 ［デジタル新時代のファネル］ 3S戦略

● SHOW、STORY、SALE

　コンテンツ発想の3H戦略に対して、**コマーシャル発想、つまりペイドメディアで広告コミュニケーションを行う場合の戦略を3S戦略と言います**（図6）。

　トップファネルはブランドの世界観を訴求するSHOWです。説明的なものではなく、強い表現で多くの人に振り向いてもらい、そのブランドを多くの人の記憶に留めるように表現された広告です。

　そのため、ここでは、TVCMを作る時と変わらないクリエーティビティが必要です。この目的が達成できれば必ずしもシェアされる必要はありません。

　ミドルファネルはブランドがターゲットとエンゲージメントを高めるためのSTORYです。メーカーの押し付けではなく、そのブランドによって、ターゲットの生活がいかに豊かになるのかというストーリーを描きます。

　デジタル広告ではターゲティングができるので、ターゲットごとに商品の訴求ポイントや、ライフバリューの上がり方を描き分ける必要があります。

　ボトムファネルはターゲットを購買へと導くSALEです。ターゲット、訴求ポイント、媒体に応じてたくさんのクリエーティブ（動画または静止画）を作り、CTRやCVR、CPA（3-01参照）を見ながら、PDCAを回していきます。このとき大量のクリエーティ

ブがあると素早く PDCA を回せます。

　このように各ファネルの役割が明快になることで、コミュニケーションの戦略が立てやすくなります。

図6　3S戦略

コマーシャル発想の動画
（ペイドメディア中心）

認知	SHOW	ブランドの世界観や、一点の訴求ポイントを「鮮やかに記憶に残す」動画広告
興味・関心	STORY	ターゲットにとって、そのブランドがどう価値があるかを「ストーリー」で伝える動画広告（商品の機能を消費者の価値視点で語る）
検討	SALE	いますぐ「購買」へとターゲットの背中を押す（動画）広告
購買		

No.
06

［デジタル新時代のファネル］
代表的な3つの戦略

● 3H型、3S型、SH型

　ファネル戦略は、商品やサービスの特性によって変わります（図7）。例えば、ジュースやお菓子といった非耐久消費財は、機能にあまり差がありません。このような商品では、流行っていたり人気がある感じ、メジャー感が重要になります（3H型）。そのため、ファネルの中では特に、トップファネル＝認知領域のコミュニケーションが重要で、各ファネルの中でファン化を意識することが大切です。

　一方、車、高級ブランド、住宅といった耐久消費財は認知から購買まで時間がかかるので、顧客が購買に至るまでの道のり、つまりカスタマージャーニーが大切です（3S型）。長いカスタマージャーニーの中で、顧客とじっくり関係性を作っていく戦略が求められるため、特にミドルファネルの施策が重要になります。

　また、アプリやECなど、デジタル上の行動でコンバージョンされるものは、すべてのファネルの施策の中でコンバージョンを意識する必要があります（SH型）。SHOWで認知を増やし、STORYでエンゲージメントを高め、HELPでそれが何なのかをしっかり説明することが重要です。

　これらのファネル戦略は一部に過ぎません。商品の特性や市場や競合商品の状況によって使い分けると、各ファネルで必要な施策が明快になり、より効果的なコミュニケーション戦略が描けます。

図7 商品・サービスに応じたファネル戦略

① 3H型：非耐久消費財（ジュース、お菓子など）

リーチ & 話題化命

知っていたり興味を持っていれば、店頭で買うのでトップファネルがいちばん大事。また、LP（ランディングページ）やTwitterなどHUB動画でファン化していると有利。コンテンツ力、勝負。

② 3S型：耐久消費財（車、高級ブランドなど）

カスタマージャーニー命

認知から購買まで時間がかかるので、だんだん購入意向を上げていくことが大事。トップだけでなくミドルが差を分ける。また、商品の価値を消費者の価値にじっくり結びつける。

③ SH型：WEBサービス（アプリ、ECなど）

コンバージョン命

WEBサービスは「無料」がほとんど。よって、ファネルアップのスピードが断トツ。すべてのファネルで獲得を意識するのが大事。受け皿のLPではHow toの用意を。

No.
07

［ デジタル新時代のファネル ］
リバースファネル

● CRMによる顧客のロイヤル化

　デジタル時代では、購買後の顧客の行動を追うことが可能です。ECサイトでは個人名、住所、メールアドレスなどを登録し、リアル店舗でも会員になるときはIDを登録するので、誰が何をどれくらいの頻度で買ったのかというデータを取得できます。また、nanacoカード、Tポイントカードなどポイントの貯まるカードには購買履歴が残ります。それらのデータを読み解きながら、自社の商品を買ってくれた人を分析することをCRMと言います。

　CRMにより、一度商品を購入してくれた人に再度購入してもらう「継続購入」、関連商品やより高い商品を購入してもらう「クロスセル」（アップセル）、その商品を他人に薦める人になってもらう「ロイヤル化」という購買後の戦略も立てられるようになりました。認知から購買に至るまでのパーチェスファネルに対して、購買からロイヤル化に至るまでを逆ファネル、あるいはリバースファネルと言います（図8）。

　REPEAT、RELATION、RECOMMENDとリバースファネルに対応して顧客との関係を作っていくメソッドを3Rメソッドと言います。

　売上は顧客数×顧客単価で決まります。人口が増え、経済が右肩上がりの時代は、顧客数を増やす施策が重要視されていました。マス広告を投入し、多くの新規顧客を獲得することが売上アップにつながりました。

　しかし、成熟したマーケットでは既存顧客を大切に扱い、良好な関係

を長く続けることで、**顧客生涯価値（LTV：Life Time Value）を最大化するというマーケティングが大切になってきています。**ただ、現在の日本では、新規顧客を取るために大量の広告費を使っている企業がまだまだ多い傾向にあります。

図8 パーチェスファネルとリバースファネル

認知

興味・関心

検討

購買

継続購入

クロスセルアップセル

ロイヤル化

アプリや高級品などは、
ファン化のためのプラット
フォームづくりや継続利用の
ためのコンテンツづくりも大事。

REPEAT

RELATION

RECOMMEND

CHAPTER

4

No.

08

［デジタル新時代のファネル］
デュアルファネル

● PUSH型コンテンツとPULL型コンテンツ

　パーチェスファネルとリバースファネルを合わせたものをデュアルファネルと言います（図9）。デジタルとマスを組み合わせた施策だけでなく、イベントやPRまでを含めて顧客を呼び込み、商品を買ってもらい、継続購入からロイヤル化を図ることが、現代のマーケティングに求められています。様々な打ち手が可能になったデジタル時代において、目的は何か、施策に漏れはないか、より効率的な打ち手はないか、といったことを整理するためにも、デュアルファネルは有効です。

　デュアルファネルの施策を整理するためには、PUSH型コンテンツとPULL型コンテンツを理解する必要があります。PUSH型コンテンツにおいて、消費者は意思に関係なく広告主の決めたタイミングで受動的に情報を得ます。マス広告は、基本的にはPUSH型コンテンツです。一方、PULL型コンテンツは、消費者が能動的に情報を取りにいきます。

　デジタル広告は、PUSH型、PULL型の両方に使うことができます。例えば、YouTube内のTrueViewインストリーム広告はPUSH型として使うことが基本ですが、それがSNSでシェアされ、直接広告を見たわけではない人の目に触れることで、PULL型コンテンツにもなります。

　また、メーカーがあるイベントを行う（協賛する）と、そのイベントに参加した人はロイヤル化をする可能性があります。そして、イベント参加者がSNSにイベントの様子をアップし、第三者がその情報に

触れることで、普段はPUSH型では動かない人がそのメーカーのことを好きになる可能性があります。デュアルファネルの中で、各ファネルに相応しいPUSH型とPULL型をどう使い分けていくのかが、効果的なコミュニケーション戦略の決め手になります。

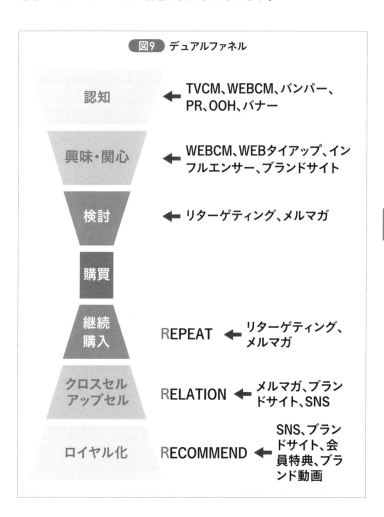

図9 デュアルファネル

認知 ← TVCM、WEBCM、バンパー、PR、OOH、バナー

興味・関心 ← WEBCM、WEBタイアップ、インフルエンサー、ブランドサイト

検討 ← リターゲティング、メルマガ

購買

継続購入 REPEAT ← リターゲティング、メルマガ

クロスセルアップセル RELATION ← メルマガ、ブランドサイト、SNS

ロイヤル化 RECOMMEND ← SNS、ブランドサイト、会員特典、ブランド動画

フルファネル時代のトップファネルは ブランドよりへ

○ SHOW、STORY、SALE

　筆者（小林）が電通デジタルに出向した2017年4月のころは、デジタルのクリエーティブというと、バズ動画か獲得バナーやLP制作が主なものでした。マーケティングの分野ではファネルという概念はあっても、クリエーティブをファネルごとに作り分けるという考え方をしている人もほとんどいませんでした。

　今でも、デジタルのクリエーティブというとバナーとLPだけを作ることだと思っていたり、Googleが発表しているTipsに合わせてクリエーティブを作るのは、クリエーティブの可能性を狭めるから邪道だと考えるクリエーターもまだまだ数多くいます。

　しかし、それらは誤解です。**デジタルマーケティングはクリエーティブの質を高めるもの**だと筆者は思っています。フルファネルクリエーティブのいいところは、ファネルごとに役割が決まっていて、その役割に特化したクリエーティブを作れることです（図10）。そして、ファネルごとに違うKPIを見ながらクリエーティブを改善していきます。

　ボトムファネルでは、大量にクリエーティブを作り、ターゲットに当て、LPに誘導します。LPに誘導したCTRやLPでのCVRを見ながらクイックにPDCAを回します。いわば販促に特化した役割です。

　次に、ミドルファネルでは、ターゲットごとに商品の良さを説明していきます。その商品によってターゲットがいかに豊かな生活を送れるようになるのかを描いていきます。そのために

は、商品の価値とターゲットのインサイトの両方の深掘りが必要です。これはエンゲージメントに特化した役割といえます。

　そして、販促、商品理解に特化したクリエーティブをそれらに相応しい媒体で、ターゲティングして届けるので、トップファネルは認知を広げることに注力できます。商品認知を広げるクリエーティブとは、ブランドを強く残していくクリエーティブに他なりません。毎月新しいTVCMが生まれていますが、その中で認知されているものは約5％しかないと言われています。

　認知されない原因の多くは、**TVCMの15秒という短い秒数の中に、販促的要素、商品理解の要素、ブランドを残す要素と、たくさんの役割を持たせようとしたからである**と考えられます。そういう目線でTVCMを見てみてください。コミュニケーション戦略上どのファネルを狙ったものなのかが分かりづらいTVCMがいかに世の中にあふれているか分かります。

　クリエーターも、ざっくりと目立つクリエーティブならモノが売れる、という認識をすぐにでも改めないと、時代に取り残されてしまうでしょう。

図10　3S戦略の各ファネル

認知	SHOW	トップファネル
興味・関心	STORY	ミドルファネル
検討	SALE	ボトムファネル
購買		

CHAPTER

5

___

広告を企画する

No.
01

［企画を準備する］
オリエンテーションから
すべてが始まる

● デジタル時代はオリエンテーションも変わる

　クライアントが広告代理店に広告戦略を発注するにあたり、**基本的な方針、商品情報、予算、スケジュールなどを示すことをオリエンテーション（オリエン）と言います**（図1）。広告代理店はオリエンを基に広告戦略を立案し、広告表現（クリエーティブ）をプレゼンします。

　オリエンテーションは必要項目が書かれたオリエンシートに基づくことが通例で、RFP（Request For Proposal：提案依頼書）と言うこともあります。

　オリエンシートには、市場の中でのライバル商品、想定ターゲットの分析、商品開発の背景、商品の特徴や競合優位性、売上目標、求める提案内容、提案範囲、スケジュール、予算概要などが記載されます。

　マス中心だった時代に比べてデジタル時代のオリエンは、内容がより詳細になる傾向にあります。媒体の数が飛躍的に増え、それぞれのKPI（Key Performance Indicator）も異なることが背景にあります。

　また、従来はオリエンにしっかり基づいた提案をすることが基本でしたが、デジタル環境は日々アップデートされているため、オリエンに書いてあるデジタル戦略が必ずしも正しいとは限りません。

　最新のデジタルマーケティングをキャッチアップしていれば、オリエンをなぞるのではなく、理論的で効率的な事業成果にしっかり

とコミットメントした提案をすることができます。

図1 オリエンテーションの位置づけ

クライアント

オリエンテーション
（ライバル商品・想定ターゲット・目標・スケジュール・予算など）

営業
ストラテジープランナー
クリエーティブ

No.
02

［企画を立案する］
ストラテジーを練る

● 顧客の意識と行動をクロス分析する

　クライアントからオリエンを受けた後、広告代理店は営業、ストラテジープランナー、クリエーティブ、メディアプランナーなどオールスタッフでなるべく早くミーティングを行います。広告戦略立案のためのデータは、代理店が持っている自社のDMPで十分か、それに加えてアスキング（調査アンケート）をした方が良いかなど、初期段階で決めておくことを話し合います。

　また、各広告制作物のKPIを確認し、調査データがそろう前にマスのターゲット、デジタルのターゲットのクラスター分けなどの仮説を立てておけば、クリエーティブスタッフはすぐに企画に取りかかることができます。調査データがそろい、分析が終わってからだと、企画の時間が足りなくなってしまうからです。

　デジタル時代では、スタッフィングと各スタッフのスコープ（範囲）を決めることが重要です。オンオフ統合のメディアプランを書けるスタッフが必要か、メディア側の計測だけで十分か、クリエーティブの計測ができるスタッフも必要かなど、行動分析チームやターゲットインサイトを分析するチーム、PDCAを設計するチームがそれぞれどこまでの業務を担当するのか、といったことを初動で定めておきます。

　広告配信前の分析を0次分析と言いますが、これはターゲットの意識（インサイト）と行動のクロス分析が基本です。マスの時代は意識だけを分析し戦略を立て、デジタルマーケティング黎明期では行動分析から戦略を立てていました。

オンオフ統合の時代には、**意識と行動をクロスして分析し、誰がどんな場所（メディア）で、どんな気持ちなのか、ということを明らかにしながら戦略を立てていきます**（図2）。広告配信後はどのメディアでどんなクリエーティブが良かったのかを、クリック率やLPへの遷移などの行動と、好感度や利用意向がどれくらいリフトしたのかという意識変容の両面から分析します。これを1次分析と言い、ここで取りたいデータを想定しながらクリエーティブを立案していくことも、デジタル時代では求められています。

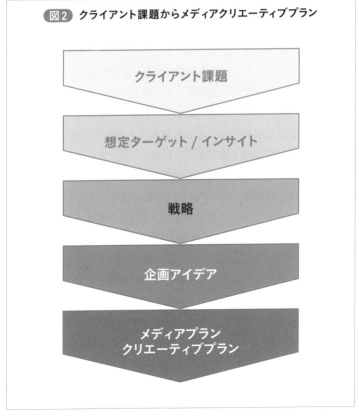

図2 クライアント課題からメディアクリエーティブプラン

クライアント課題

想定ターゲット / インサイト

戦略

企画アイデア

メディアプラン
クリエーティブプラン

No.

03

[企画を立案する]

メディアを選定する

◉ 最適なメディアを選ぶ

　広告キャンペーンを成功させるには、メディアの精査が欠かせません（図3）。メディアは「誰に」「何を」「どこで」伝えるか、の「どこで」に当たります。従来は、認知をTVCMやOOHで取り、理解やエンゲージメントを新聞や雑誌で取り、獲得を店頭やDMで行っていました。例えば、店頭で買う商品であれば、TVCM15秒のイメージが伝わる店頭POPを作ったり、より購買につながる文言を店頭に添えたりします。また、セールスマンが対面で売る商品であれば、彼らの使う言葉から逆算してTVCMの企画を考えることもあります。

　メディア戦略を決める際に必要な要素は大きく2つあります。1つは、ボトルネックを知ることです。認知が足りない商品は、認知を得るのが得意なメディアが不可欠です。逆に、理解が足りていなかったり利用意向が低い商品は、ターゲットが商品の良さをじっくりと知ることのできるメディアが必要になります。2つめは予算です。予算が潤沢であれば、すべてのファネルにふんだんにお金を掛けることができますが、そういうケースはあまりありません。○○○万人にその商品を認知してもらいたい場合は、商品認知○○％が必要で、そのためには広告認知○○％を取らなければならず、総予算は○億必要になるといったシミュレーションをしながら予算の割当てを決めていきます。

　デジタル時代になって、メディアの数が飛躍的に増えました。打ち手の数が増え、デジタルメディアによって得意なことがそれぞれ違うため、メディアの組み合わせはマスの時代よりも複雑になっていま

す。しかし、デジタル時代では、ある商品を認知した人のうち何人が理解メディアに接触し、獲得メディアを通じて最終的に購入に至った、という詳細が分かります。デジタルメディアの特性の理解に基づいて、最適なメディアを設定し、フルファネルでコミュニケーションを設計できる人材がますます求められています。

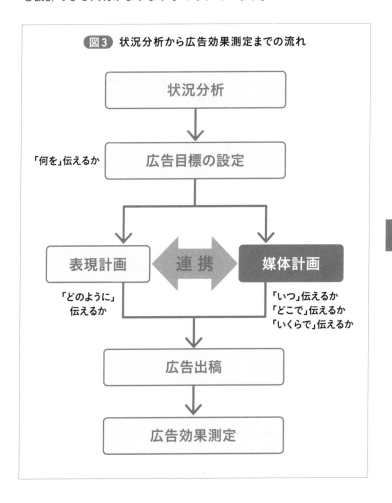

図3 状況分析から広告効果測定までの流れ

状況分析

「何を」伝えるか　　広告目標の設定

表現計画　連携　媒体計画

「どのように」伝えるか

「いつ」伝えるか
「どこで」伝えるか
「いくらで」伝えるか

広告出稿

広告効果測定

No. 04

［企画を発想する］

クリエーティブの流れ

● アイデア出しからプレゼンまで

　ルーティンワークから最も遠いのがクリエーティブです。一概には語れませんが、典型的には以下のように進んでいきます（図4）。

　クライアントからのオリエンを受けて、オールスタッフが集まった後、クリエーティブだけでミーティングをします。そこでは、クリエーティブ全体の方向付けとまとめをするクリエーティブディレクター、言葉で企画を引っ張っていくコピーライター、ビジュアルで企画を引っ張っていくアートディレクター、TVCMを中心にキャンペーンを組み立てるCMプランナーの4つが基本ユニットとなります。

　最初のクリエーティブの打合せでは、クリエーティブディレクターが、オリエンのまとめ、留意点、企画を進めていく上での方針などを、1枚の紙にまとめたブリーフを作成し、スタッフと共有します。そこで、ブレーンストーミング（ブレスト）を行います。ブレストは自由にたくさんのアイデアを出し、人のアイデアに便乗したり、思いつきが思いつきを呼ぶように進めていきます。そこでは結論を出さないのもポイントですが、いくつか出たことの中で足がかりになりそうなものを決めて解散します。

　次の打合せでは、各人が考えたアイデアを持ち寄ります。TVCMの台詞やポスターのレイアウトという細かいところではなく、キャンペーンの中心になるコアアイデアをまずは決めていきます。ここでは、クライアントの様々な課題に答えながら、ターゲットの最大公約数の人々を動かす新しいアイデアが求められます。コアアイデアを元

に各プロフェッショナルがそれぞれの領域をブラッシュアップしていきます。数回の打合せを経て、だいたいアイデアが固まった時点で、営業やストラテジープランナーと打合せをして、クライアントの要件を満たしているかを確認したり、戦略との整合性を調整して、アイデアを決めます。

　動画であればコンテをコンテライターに発注し、キービジュアルであればデザイン会社にイメージに近いカンプを作成してもらい、これらとクリエーティブディレクターが作成した企画書を統合してクリエーティブの提案書ができあがります。

図4 クリエーティブの流れ

No.
05 ［企画を共有する］
デジタル時代の広告 プレゼンテーション

◉ 企画書、メディアプラン、クリエーティブの提案

　従来の企画書では、ターゲットと各メディアの予算配分はほとんどが別々に書かれていました。しかし、現代では各メディアが得意とするターゲットがそれぞれ異なるので、ターゲット、メディアに加えて、それに最適なクリエーティブもあわせて検討します（図5）。さらに、メディアとクリエーティブのそれぞれのパフォーマンスを計測しながらPDCAを回して顧客を獲得していくことを考えると、ターゲット設定、メディアプラン、クリエーティブ、計測、PDCA設計をすべてセットで実行する必要があります。

　具体的には、DMPやアスキング調査から得られたデータを使ってターゲットを分析し、顧客になり得る人々をクラスター（集団）に分けます。クラスターの作り方は、デモグラフィックス（人口動態変数）とサイコグラフィックス（心理的変数）に、行動によるセグメンテーションをクロスして分析するのが一般的です。オンオフ統合時代の広告戦略では、ターゲットがどの場所（メディア）にどんな気持ちで接しているのかが大切になるので、行動指標と心理指標を掛け合わせてセグメントし、クラスター分けする必要があります。それらのクラスターをデジタル上でターゲティングし、認知、興味・関心、検討というファネルごとにメディアプランを提案します。

　クリエーティブはまず、コアアイデアとそこにたどり着くまでの筋道を説明します。コアアイデアは、一枚絵と言われるキービ

ジュアルとキーコピーで示されることが一般的です。このコアアイデアが各ファネルでの役割ごとに作り変えられます。特に理解メディアを使ったミドルファネルでは、ターゲットに応じたクリエーティブにすることで深いエンゲージメントを取っていきます。各クリエーティブのKPIを設定し、計測の方法とファネルごとのPDCAプランを示します。

図5 デジタル以前とデジタル以後のプレゼンの違い

デジタル以前

ターゲット 詳細ペルソナ

別々の 考え方

性、年齢、エリア によるメディア選定
- Yahoo!
- Facebook
- YouTube

デジタル時代

調査で得たターゲットペルソナに基づく メディア選定・クリエーティブ制作

調査上の意識 によるターゲット

ターゲット 詳細ペルソナ

性、年齢、エリア によるメディア選定
- Yahoo!
- Facebook
- YouTube

No. 06

［WEB広告を企画する］
WEB動画

● 拡散する動画、ピンポイントで当てる動画

　広告界では「バズる動画を作ってください」というオーダーがあったり、「あの企画バズったよね！」という会話がなされるように、WEB動画＝バズ動画というイメージがあるかもしれません。

　しかし、WEB動画にもその目的によってさまざまな種類があり、目的によって企画方法も職能もメディア活用も変わってきます。WEB動画は、大きく分けて2つあります（図6）。

● PULL型WEB動画

　PULL型WEB動画は動画自体の魅力で人を惹きつける、オーガニックに拡散していく動画のことで、まさにBUZZ動画が代表的なものとなります。広告というよりは、コンテンツを作る意識で作ることが多く、ムービープランナーやコンテンツプランナーとしての能力が求められます。

　PULL型を作成するときの原則的な8つのコツがあります。①アブノーマル：あるパラメーターを極端にして面白みを作ります。②モーメント：季節や話題などタイミングを計算します。③ミーム：音ネタや大喜利など人から人へ伝染するネタを作ります。④パロディ：あるコンテンツのパロディをします。⑤ドラマ：続きが気になる連続シリーズものを作ります。⑥ソーシャルイシュー：社会問題を解決したり応援するものを作ります。⑦シー

クレット：謎や隠し要素を入れて考察を促します。⑧タイアップ：
強力なコンテンツ同士を組み合わせます。

◎ PUSH型WEB動画

　PUSH型WEB動画はブランドメッセージを伝えたり、広告で配信していく動画のことで、ザ・コマーシャルと呼べるものです。TVCMを少しWEBに最適化すると上手くいくことが多く、CMプランナーやコピーライターとしての能力が求められます。

　3S戦略（4-05参照）に基づいて考えると、SHOW動画はTVCMの考え方、STORY動画は生活シーンの課題解決もしくは新価値創造のストーリーを長尺で丁寧に描くこと、SALE動画はユーザーメリットを強調して購買につなげたり、LPやストアにダイレクトに誘引する意識が大切になります。

図6　WEB動画を作成するときのポイント

PULL型WEB動画

①アブノーマル
②モーメント
③ミーム
④パロディ
⑤ドラマ
⑥ソーシャルイシュー
⑦シークレット
⑧タイアップ

PUSH型WEB動画

認知　SHOW動画
興味・関心　STORY動画
検討　SALE動画
購買

No.
07

［WEB広告を企画する］
バナーとLPの企画

● 勝ちパターンをいかに探すか

　TVCM や WEBCM で商品・サービスを認知し、コンテンツや長尺動画でエンゲージメントが高まったユーザーを、最後のひと押しで獲得するための広告がバナーと LP です。ターゲットは既に購買を検討している段階なので、確実に刈り取るための広くて深いメッセージ設計と、高速で PDCA を回す体制構築がポイントになります。

　定量・定性調査から判明した購買重視点やターゲットのカスタマージャーニーから、商品の「訴求軸」を洗い出します。それぞれの訴求軸の中でメッセージを書き分ければ、大量のバナーを制作できる準備が整います（図7）。あとは実際にバナーを配信し、実績を見ながら改善を繰り返し、ターゲットごとに「どの訴求軸の」「どの表現が」勝ちポイントかを探っていくのが定石です。

　バナーをクリックしたユーザーを待ち受けるのがLPです。コンバージョンまで確実に説得していくストーリーを意識してページを構成します（図8）。ストーリーの作り方にはいくつかの方法があり、「注意を引く」「悩みに共感する」「商品の具体的な説明を伝える」「ユーザーのメリットを語る」「行動を後押しする」というのが一般的です。

　バナーを見たユーザーが違和感を持たないよう一貫したメッセージ・表現が基本ですが、少しでも多くのコンバージョンを獲得するため、ページを開いた瞬間に目に入る「ファーストビュー」のビジュアルや、コンバージョンボタンの位置などを細かく調整するLPO（Landing Page Optimization）もよく行われます。

図7 バナー訴求軸のパターン例

規格訴求	「月額●●円から……」
理性訴求	「効率が●●％UP……」
ベネフィット訴求	「今すぐ使える……」
情緒訴求	「感動の……」
エッセンス訴求	「理想の●●を目指しませんか」
恐怖訴求	「万が一に備えて……」
否定訴求	「今入らないと……」

図8 LPストーリー作りの一例：AIDAモデル

Attention（注意）	読み手にささるようなフレーズで注意を引く
Interest（関心）	関心を持ってもらうために、具体的な説明で商品を訴求する
Desire（欲求）	読み手にどのようなメリット、得があるかを伝え、欲求をかき立てる
Action（行動）	読み手に購買という行動を起こしてもらうための最後の一押しで、今買わなければいけない必要性、理由をここに挙げる

No. 08

[SNS広告を企画する]

SNS運用広告

● 各メディアそれぞれの世界観を踏まえる

SNS運用広告は、メディアごとに異なる特性を踏まえることが原則的なコツとなります（図9）。主要ソーシャルメディアであるFacebook、Instagram、Twitterではユーザーの性別・年齢などの違いもありますが、そこに暮らす民族が違うと言っていいくらいの質的な違いがあります。企業アカウントは、その世界に出店する感覚で、それぞれの世界観にあった運用をしていく必要があります。そうしないと、「空気が読めない」とスルーされてしまうからです。

Facebookは「公式感のある情報を重視」します。実名登録制で、リアルな友人関係や仕事関係でつながり、年齢層が比較的高いという特性を持っているため、シェアしても恥ずかしくないような信頼性のある情報が好まれます。ビジネス上の情報交換ツールとして活用されることも多いので、企業からの公式情報や告知を発表していく場として運用するとよいでしょう。マスメディアで言うと「新聞」に近いかもしれません。

Instagramは「グラフィカルな映えの世界観を重視」します。写真・動画といった非言語メディアをベースに交流されており、ファッションや世界観の好みでつながる特性を持っているため、「インスタ映え」と言われるフォトジェニックな、ムービージェニックな情報が好まれます。ブランドの世界観を伝える場として運用するとよいでしょう。最近では、「映え疲れ」によって自然体な投稿も増えているので、活用の幅が広がっていると言えます。マスメディアで言うと「雑誌」に近いかもしれません。

Twitterは「リアルタイム性やコンテンツ力を重視」します。匿名

登録が可能で、つぶやきという言語をベースに交流されており、話題自体で盛り上がることが多い特性を持っているため、リアルタイムなイベント情報や話題化しやすいネタを投稿する場として運用するとよいでしょう。中の人による本音感も大切です。マスメディアで言うと「ラジオ」に近いかもしれません。

図9 メディアによる広告運用の特徴

Facebook
公式感のある情報を重視

<特性>
・実名で登録（基本1人につき1アカウント）
・リアルな友人関係とつながりやすい
・利用者の年齢層が高い

<エンゲージメントが高い投稿とは>
リアルな友人関係が多いので、シェアしても恥ずかしくないような真面目な情報が、拡散されやすい。

<好まれる情報>
・企業からの公式情報
・ニュース性のある情報

Instagram
統一された世界観を重視

<特性>
・非言語メディア
・自分の趣味や写真の世界観の好みでつながりやすい
・利用者の年齢層は比較的低い

<エンゲージメントが高い投稿とは>
「インスタ映え」と言われるような絵映えする写真や、「この写真はあのブランド」と世界観が統一されている写真が高い。

<好まれる情報>
・フォトジェニックな写真
・ブランドの世界観が溢れる情報

Twitter
情報の鮮度やリアルタイム感を重視

<特性>
・言語メディア
・偽名で登録が可能（1人につき数個アカウント保持）
・利用者の年齢層が幅広い

<エンゲージメントが高い投稿とは>
解禁されたばかりの情報や、サッカー試合などの、イベント進行状況など新鮮な情報が高くなりやすい。

<好まれる情報>
・即時性の高い情報
・ネタになり、話題化しやすい情報

No.

09

［広告を統合する］
コミュニケーションの統合

◉ すべてがデジタルでつながる時代に

スマホの台頭、デジタルメディアの多様化、4Gや5Gといった高速通信により、情報爆発が起きている現代社会において、広告は専門的視点に加えて、統合的視点が重要になったと言えます。そこで念頭に置くべきはIMC（Integrated Marketing Communication）というメディアごとの特性を捉えながら、融合することで、コミュニケーション効果を最大化する考え方です（図10）。統合コミュニケーションを考える上で、3つのフレームワークがあります。

◉ ファネル

ファネルは4章で解説したフルファネルやデュアルファネルのように、どのKPIを達成したいのかという目的によって施策を組み合わせていく手法です。このフレームで考えると、購買効果やLTVをどのように最大化するかという「深さ」の視点で施策を考えることができます。その施策を人の情報接触の観点から整理したものを、カスタマージャーニーと呼びます。この2つは似た考え方ですが、市場をマクロかミクロのどちらで捉えてプランニングするかで使い分けるとよいでしょう。

◉ メディアソース

メディアソースはどのメディアの情報ソースを使うのかという目的によって施策を組み合わせていく手法です。広告枠を買うPaid media、評

判を獲得する Earned media、情報が共有される Shared media、自社で所有する Owned media の 4 つで PESO と呼ばれます。その際、メディアの組み合わせで情報拡散を狙ったり、情報信頼度を考えるという点で「広さ」の視点でのフレームと言えます。

● タイムライン

タイムラインはどの順序で施策をローンチするのかという時系列で情報波及を考える手法です。 PRELAUNCH、LAUNCH、POST LAUNCH の 3 つの期間に分けて施策を考えることが多く、ファネルとメディアソースに加えて、時間軸を考えると精度の高いプランニングが可能になります。このように統合的視点を持って企画やクリエーティブをディレクションできる人材である、インテグレイテッド・クリエーティブディレクター（ICD）という新たな職種が注目されています。

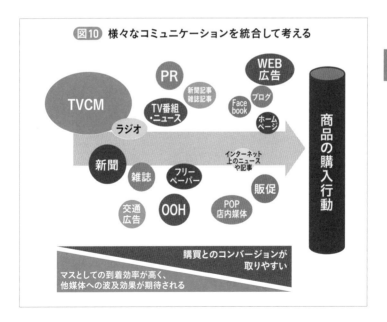

図10 様々なコミュニケーションを統合して考える

CHAPTER

6

広告を制作する

No.
01

［広告撮影の準備］
企画決定から
演出コンテのプレゼン

◉ 演出家を決め、演出コンテを練る

　企画が決定すると広告制作のフェーズに入ります。まず演出家から決めることが一般的です。演出家は、現場では監督（海外ではfilm director）と呼ばれ、映画監督のCM版のような存在です。

　壮大な絵の演出、コミカルな演出、緊張感のある演出、ファッショナブルな演出など、演出家にはそれぞれ得意な分野があります。

　広告代理店のクリエーターは動画制作プロダクションのプロデューサーの力を貸りながら、予算配分、スケジュールを考え、企画を魅力的に仕上げてくれる演出家を選定します。

　ただ、いい監督が見つかっても、監督が依頼したいカメラマン、美術スタッフなどのスケジュールも押さえる必要があります。こうした種々の調整がプロデューサーの仕事になります。

　演出家が決まると、クリエーターは広告する商品の概要と企画意図を演出家に説明します（図1）。演出家はクリエーターとすり合わせをして、後日、演出コンテの打合せをします。

　企画の骨子が分かる企画コンテに対して、**演出コンテは仕上がりの具体的なイメージである、カメラの位置や動き、ライティング、美術の考え方、人物の演出の方向性、音の構成など、CMを仕上げていくために必要な要素が細かく設計されています**。演出の全体設計が良いか、予算の中で実現可能か、どんな方法で仕上げていくのが良いかなどを詰めていきます。

　こうしてできあがった演出コンテをクライアントにプレゼンしま

す。演出コンテが承認されれば、次は撮影に進みます。

　クリエーターが仕上がりまでイメージして、うまく演出家に伝えることができると、企画がぶれることなく狙い通りのCMができあがります。

図1　クリエーターと演出家

広告代理店クリエーター

今回はこんな
企画です

こんな
演出方法は
どうでしょう？

演出家（監督）

No.

02

［広告撮影の準備］

ロケーションハンティング
は重要

● ロケハンが仕上がりを決める

　広告の撮影をする場所は、大きくはスタジオとそれ以外に分かれます。**スタジオは撮影専門の部屋で、必要なセットなどを建て込んで撮影します。**また、家の中やオフィスの中といった撮影シーンを予め想定して、備品などをそろえているハウススタジオという場所もあります。

　スタジオ以外の撮影場所は、屋外かスタジオではない屋内になります。その場合、ロケーションハンティング（ロケハン。英語では location shooting）が必要になります。ロケハンには、監督、カメラマン、制作会社のプロデューサー、広告代理店のクリエーター、照明スタッフ、美術スタッフなどが参加します。また、撮影場所の提案から撮影許可の取得までは、ロケーションコーディネーションの会社が行います。この会社は、様々な撮影場所のストックと豊富な経験を持ち合わせていますが、まったく同じ条件での撮影はないので、ロケハンはその都度行う必要があります（図2）。

　企画に合った背景にタレントが立っているとします。そのとき、次のような事を考えておきます。カメラをどこに置くか、レンズは何ミリがいいか、クレーンなどの特機が必要か、必要だとするとどう置けばいいか、撮影当日の太陽の動きはどうか、日の出の時に日の光を遮る山や建物はないか、どこをどうライティングするか、そのためにはどんなサイズのライトがいくつ必要か、企画に近いカットにするためにどんな美術を作ればいいか、電源が取れる車両（ジェネレーター）を止める場所はあるか、スタッフのトイレはどうするか、タレントを

安全に撮影できるか、等々。このようにロケハンで確認しなければいけないことは山ほどあり、どこまで綿密なロケハンができたかによって、撮影の成功が決まると言っても過言ではありません。

　例えば、車をキレイに撮影するにはボディに斜めから光が当たっている必要があります。南北に走る道路では、太陽光はフロントバンパーかバックに当たることになり、あまり適しません。背景が企画に近く、車がゆがまずに撮れる長いレンズで撮影できる引きじり（カメラを置く後ろのスペース）があり、東西に走る道を見つけなければ、良い絵は撮れないのです。

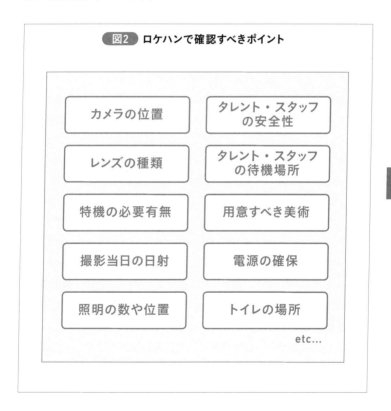

図2　ロケハンで確認すべきポイント

カメラの位置	タレント・スタッフの安全性
レンズの種類	タレント・スタッフの待機場所
特機の必要有無	用意すべき美術
撮影当日の日射	電源の確保
照明の数や位置	トイレの場所

etc...

No.
03

［広告撮影の準備］

オールスタッフミーティングで方向性を定める

● すべてのスタッフが企画の意図と仕上がりをすり合わせる

　動画広告の制作には様々な専門家が携わります。代理店のクリエーティブディレクター、コピーライター、アートディレクターに加えCMプランナーという動画に特化した専門家がいる場合もあります。

　動画制作プロダクションからは、全体を見るプロデューサー、現場を担当するプロダクションマネージャー、演出家（監督）、助監督（エキストラが多い場合）、カメラマンとその助手のチーフ、セカンド、照明を担当するチーフ、助手、音声担当者、美術を担当する美術スタッフ、出演者の服装や小物を担当するスタイリスト、メイクを担当するヘアメークアーティスト、ロケ周りを担当するロケーションコーディネーター、オフライン編集およびオンライン編集のエディター、色を調整するカラリスト、動物が重要な役割がある場合は動物プロダクションのプロデューサーなどなどです。

　オールスタッフミーティングは、必ず行われる大切な会議です。代理店のクリエーティブディレクターが広告のコンセプトを、コピーライターやCMプランナーが企画を、演出家が演出意図と具体的な撮影方法などを説明します。すべてのスタッフが、企画の意図と演出家の目指す仕上がりを理解した上で、各々の専門家が撮影本番に向けてすり合わせを行います（図3）。

　例えば、背景がいいロケ場所にバス停を設置したい場合、どんな標識とベンチが良いのかということを演出家と美術スタッフで話し合ったり、犬がしゃべるシーンがある場合に、どこまで指示通りに犬

128

が口を動かすかを動物のトレーナーにヒアリングしながら、CGの担当者がCGのボリュームを計算し、合成を担当するオンラインのエディターと手間と時間などを話し合うというケースもあります。ここで話し合ったことが、撮影の香盤を組んでいくベースになります。

　オールスタッフミーティングが終わると、打合せで決まった撮影の方法や段取りなどをまとめたPPM（プリプロダクションミーティング）資料を作り、クライアントにPPMを行います。そして、PPMで決まったことを元に、撮影本番に向かって専門家達が準備を始めます。PPMの内容がクライアントに承認されれば、基本的には制作費も確定したとみなされます。

図3　オールスタッフミーティングの様子

プロデューサー

クリエーティブ
ディレクター

監督

編集スタッフ

美術スタッフ

照明スタッフ

No.

04

〔広告を撮影する〕
撮影の流れ

● スタジオ撮影の流れ

オールスタッフミーティングが終わり PPM で承認されると、いよいよ撮影に入ります。撮影は、大きくはスタジオ撮影とロケ撮影に分かれます。スタジオ撮影は、いわゆるスタジオでの撮影に加えてハウススタジオやオフィススタジオでの撮影（図4）、ロケ撮影は、ロケ場所にセットを組むロケセットでの撮影などのバリエーションがあります。

撮影本番の前には、「セットを作っていく建て込み」「仮にライティングをしていくプレライト」「カメラ位置やレンズを決めるアングルチェック」を行い、タレント撮影前にカメラの動きのテストをしたり、エキストラが複雑な動きをする場合には、演技のリハーサルもします。 ここでは代表的なスタジオでのタレント撮影の場合の1日を説明していきます。

まず、オールスタッフがスタジオに集合します。ワンカット目のアングル、ライト、美術の最終チェックを行います。タレントがスタジオに到着すると、ヘアメイク、着替えが終わった段階でタレントに代理店のクリエーターが改めて企画の説明をし、演出家が演出意図を説明します。その際に、衣装やメイクの最終チェックを行う場合もあります。タレントがメイクをしている間に、タレントと背格好の似たスタンドインという役割の方にタレントと同じ動きをしてもらいながら、カメラの動きのチェックをします。

様々な準備が終わると、ワンカット目の撮影に入ります。演出家、

代理店、クライアントなどはどんな絵を撮っているのかをモニターでチェックします。また、ビジコンという機材に撮った絵が簡易的に収録されているので、どんな絵が撮れているのかをプレイバックすることができます。撮れた絵をチェックしながら、演技の方向性を探ったり、美術の仕掛けのタイミングを合わせていきます。演出家、代理店のクリエーター、そしてクライアントがOKを出してそのカットは終了になります。

　カメラがフィルムからデジタルに変わったことで、ワンカットに対してカメラを回す時間が長くなりました。フィルムの時代は、フィルムの長さに限りがあるので、ロールチェンジと言われるフィルム交換の時間がかかりました。デジタルにはロールチェンジの時間がないので、長くカメラを回す「長回し」での演出が増えています。

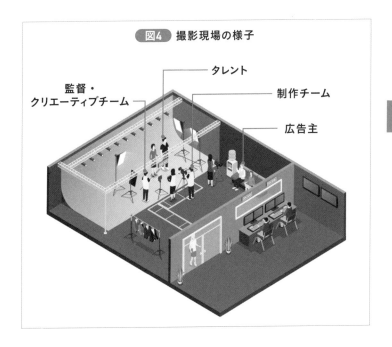

図4 撮影現場の様子

タレント

監督・クリエーティブチーム

制作チーム

広告主

No. 05

［広告を撮影する］
撮影機材の基礎知識

● 役割に応じた代表的な機材

　撮影現場では役割に応じて、撮影部、照明部、録音部、制作部といった名称で呼ばれます。

　撮影部は撮影を担当するカメラマンたちのことです。動画の場合、カメラマンに加えて、主に計測担当のチーフ、フォーカス担当のセカンド、全体的なアシストをするサードまでいるのが一般的です。動画の撮影で使うカメラはそれだけ複雑な機械なのです。フィルムの時代はARRI製のカメラがほとんどでしたが、デジタルになるとそれに加えてREDやSONY、CANONも使われています。

　照明部は、商品を魅力的に見せたり、タレントを美しく見せたり、魅力的な光を作る人たちのことです。ライティングディレクターがカメラマンと相談しながら、指示を出して光を作っていきます。ライトにはスポットライトや拡散系のライトのように光の幅を変えたり、日中の光に近いデイライトや夕方の光に近いタングステンライトなど光の色を変えるもの、さらに大小合わせるとかなりの種類があります。CMの現場では、太陽のような色味で強力な光が作れるHMIライトが主流です。タングステンライトより高温にならないため人物撮影に向いています。

　録音部は録音を担当する人たちのことです。現場では「音声さん」と呼ばれています。長い棒の先にマイクのついたガンマイク、洋服などにつけるピンマイクで音声を拾い録音します。ロケであれば現場は車、風、虫の声など様々なノイズにあふれています。それらのノイズがMA

ルーム（音を調整するスタジオ）での加工で調整できるか否かを判断する必要があります。

制作部は、動画プロダクションのプロデューサーを筆頭に、アシスタントプロデューサー（AP）、プロダクションマネージャー（PM）で構成され、撮影現場全体の進行を担う人たちです。本番前にカメラの前に差し出されるボードやカチンコ（小さな黒板の付いた拍子木）を打つのはPMの役割です。そこにはどのシーンの何テイク目かが書いてあるので、編集の際に必要な素材を探しやすくなります。人やものをかさ上げするのに使うアップルボックス、ライトを固定するセンチュリースタンド、人やライトなどの足場になるイントレなど、撮影現場は様々な機材であふれています。（図5）

図5 撮影現場でよく使われる機材

ARRIのカメラ

ALEXA LF

HMIの照明

アップルボックス（箱馬）

ステディカム

No.

06

[広告を撮影する]

特殊な撮影機材

● より魅力的な映像を撮るためのツール

　TVCMやWEB動画では多様な特殊な機材を目的に合わせて使い分けます（図6）。ダイナミックな映像を撮るにはカメラが様々な速度やアングルで自由に動く必要があります。例えば、被写体が動かなければ静止画と変わらないので、魅力的な映像にするためには素人では撮れない、普通の人が見たことのないカメラワークや演出が必要になります。

　撮影隊の中には、特機部と言われる特機の専門部隊がいます。代表的なものとしては、レールの上を動く台車にカメラを載せて、台車を動かすことで水平の動きを撮影できるドリー、上下斜めに空間を動き3次元のカメラワークを可能にするクレーンがあります。また、カメラの振動を抑えるスタビライザー、回っているコマが水平を保つ機能を利用してカメラのブレを防ぐジャイロスコープなどは車やヘリコプターなどにカメラを載せる際に使います。

　ハリウッド映画の合成技術の進歩に合わせて、CM動画の世界でも映像技術が進歩しています。CM撮影ではクロマキー合成が一般的です。グリーンバック（ブルーバック）で撮影し、グリーンを抜くことで合成したい被写体だけを抜き出し、背景を合成します。その際に静止画の場合は、カメラが動かないので簡単なのですが、動画の場合は背景の映像が被写体とまったく同じ動きをしないと合成することができません。そこでコンピュータのプログラミング通りに動くモーションコントロールカメラを使います。また、空間を移動しながら旋回の動きをつけたり、急に動いたり止まったりと複雑な動きができる

マイロという機材もあります。SF映画ではこの技術が良く使われています。

　その他にも車の撮影によく使われる、被写体と併走しながらの撮影ができるように改造された特別なカメラカーも特殊な撮影機材と言えます。F1マシンの撮影専用のエンジンを載せたカメラカーも存在します。

　最近ではドローンの登場によって、ヘリコプターより安価に、またクレーンが設置できない場所でもダイナミックな3次元の映像が撮れるようになりました。重いカメラは積めない、風に弱いなどまだ弱点はありますが、人が行けないような場所でも立体的な動きのある撮影ができることになったのは画期的と言えるでしょう。

図6 撮影現場で活躍する特殊な機材

ARRIのカメラ
揺れの大きい空撮で揺れを軽減する

パンサードリー
電動リフト付きのカメラアーム

マイロ
カメラワークをプログラミングし、
同じ動きを複数回再現することで
複雑な合成カットを可能にする

No.

07

［広告を編集する］

ビデオエフェクトとCG

● CGを使ってより魅力的な表現をめざす

CGとはコンピュータグラフィックスの略で、コンピュータで描かれた静止画や動画のことです（図7）。大別すると、2次元で描かれた2DCGと、3次元で描かれた3DCGがあります。2DCGは紙の上に描かれたような表現となり、3DCGは縦、横、奥行き方向のある表現となります。それぞれ作る際のソフトウエアが異なります。

CMの映像にCGを使う理由は大きく3つあります。1つ目は、実写にCGを加えることで、映像をより魅力的に見せることができます。例えば、温かい食べ物から立ち上る湯気の実写の素材に湯気のCGを加えて、より美味しそうに見せたり、自然光の素材にCGの光を加えて、より魅力的な映像にすることができます。

2つ目は、実写では撮影するのが困難なものを表現したい場合です。街の中を怪獣が暴れ回っているような映像だったり、大空を縦横無尽に飛ぶ飛行機など、SF的表現にはCGが多く使われています。

3つ目は、実写で撮影できるが大きなコストがかかる場合です。例えば、車の走行シーンを日本にはない景観でロケをして撮影する場合は、海外に車を運んだり、周辺道路を封鎖しなければいけません。近年では、実車と同じようなCGが可能になってきたので、車のTVCMでもCGが使われているケースも増えています。また、精密機器が無数の部品に分解されるような表現もCGが得意としています。

3次元のモデリングをすると、レンズによる見え方の違い、アングル、ライティングを変えて対象部を見ることができます。平面に絵を

描きカメラで撮影していた昔のアニメーションでは時間がかかっていたことが、一度モデリングするとかなり手軽にできるようになったため、テレビ番組で放映されるアニメーションもほとんどがCG制作になっています。

　モーショングラフィックスとは、動くグラフィックス全般を指します。広義には、動くテロップもモーショングラフィックスに入ります。CG技術が発達したことで、モーショングラフィックスも進化しています。立体のアニメーションのような、動きが楽しげであったり、カラフルだったり、魅力的な映像が多く生まれています。

　ちなみに、CGを使えば何でもコストが安くなるわけではありません。結局はマンパワーを使うので、工数がかかるものは高額になりますし、有名なCGアーティストを起用すると当然コストは上がります。

図7 CGを活用した様々な表現

NIKE
Air max '17

出典：NIKE

東京メトロ
すすメトロ！

©藤子プロ・小学館・テレビ朝日・シンエイ・ADK

No.

08

［広告を編集する］

仕上げ
（仮編集、本編集、初号）

● 仮編集、本編集を経て初号の完成

　撮影が終わるといよいよ仕上げになります。完成したCMを初号、それをクライアントに試写することを初号試写と言います。ここでは、初号試写までの流れを説明します。

　フィルムカメラの時代には、現像した後、FtoT（フィルムトゥテープ）というフィルムをデジタルに変換しビデオテープに落とすという作業がありました。その際に色の調整を行っていました。デジタルカメラになると、現場にVE（Video Engineer）がいるため簡易的な色補正ができています。

　まずは、仮編集という作業が始まります。タレントの表情や演技のいいテイクを選んだり、美味しそうに見えるシーンを切り出したり、無数の撮影素材の中からベストなものを選び、ベストな順番で並べていきます。3日間の撮影であれば、素材を見直すだけで何十時間もかかる手間のかかる作業ですし、この仮編でCMの出来が決まってしまうといっても過言ではありません。

　仮編集が終わると、カラーグレーディングという作業をします。カラリストという色補正のプロフェッショナルがより魅力的に絵のトーンを作っていきます。欧米では、高いステータスを持った人気のカラリストもいます。

　その後通常は、クライアントに仮編試写を行います。基本的にはどのテイクを選んだのかという編集の並びと、1カットごとの尺を決めていきます。テイクを選び直したり、尺を変えたりするには、編集し

直す必要があるため、試写は編集室で行うのがベストです。

　仮編した素材がクライアントの中で一人歩きし、撮影や編集に立ち会っていないクライアントからの直しがあるパターンが、一番時間とコストを費やすことになるからです。

　仮編試写後、本編集に入ります。本編集では合成の精度を高めていったり、肌の修正や細かな色の調整などをしていきます。タイトルやCGなども本編集の段階で合成していきます。

　本編集を行う機材は、基本的にはハリウッド映画用に開発されたものなので、大変高い精度で絵のクオリティを上げていくことができます。本編集で絵が完成したら、MA（Multi Audio）という作業に入ります。

　MAスタジオの中でナレーションを録ったり、SE（音響効果）、音楽をミックスしていきます（図8）。MAをした音と本編集の絵を合わせて初号が完成します。

図8　MAスタジオの様子

No.
09

〔広告を編集する〕
グラフィック広告の場合

● 魅力的な一枚絵を世に届けるために

　ここまでは主に動画広告の話でしたが、本章の最後にグラフィック広告（静止画広告）の制作について説明します。総合広告代理店には**アートディレクターという専門家がおり、グラフィックの広告に関しては、基本的には企画から制作、納品までの責任者となります。**

　まず、企画出しを行います。アートディレクターが手で描いた企画の骨子が分かる「サムネイル」を元に、打合せを進めます。その中で選ばれたアイデアから、写真を合成したり言葉を入れたりして、クライアントがより企画や仕上がりのイメージがつかみやすいように「カンプ」と呼ばれる一枚絵を作ります。その際、制作のパートナーであるデザイン会社のデザイナーと一緒に作っていくことが通常です。カンプを元にクライアントにプレゼンテーションを行い、アイデアが決まるといよいよ制作作業に入ります。

　まずは、カメラマン選びが重要で、基本的には企画と仕上がりのイメージに合ったカメラマンを選びます（図9）。ビューティ系など仕上がりにこだわるクライアントの場合には、カメラマン候補を出しながら、クライアントと一緒に選んでいくこともあります。

　タレントなど人物を撮影する場合はヘアメイクやスタイリストと、美術があれば美術のアートディレクターと、ロケがあればロケーションコーディネーターと打合せをして、オールスタッフミーティングを経て、PPMを行うのは動画広告の撮影と同じ流れになります。

　撮影後は、レタッチという作業の中で人物の肌を修正したり、合成

を行い、アートディレクターの仕上がりイメージに近いトーンにローデータ（未加工の生データ）を加工していきます。グラフィックの仕上がりを決めるとても重要な工程になります。

　こうして仕上がったビジュアルに、言葉や商品ロゴなどを入れグラフィック広告を印刷会社に入稿するための入稿データをつくります。ここでクライアントの最終確認を取ることが多いです。印刷会社に入稿すると校正紙という紙で、印刷の状況を見ながら色やトーンなどを最終調整していきます。初校、再校、念校まで3回行うのが通常です。

　バナーやデジタルサイネージなど、紙の印刷がない場合はデータで納品します。マスとデジタルの統合キャンペーンが進む中で、バナー広告の素材の撮影も同時に行うことで、大量の素材を確保しながら、コストを抑えるという流れが進んでいくでしょう。

図9　グラフィック広告の制作の流れ

カメラマン選定
撮影
レタッチ
合成
入稿

出典：銀座カラー

COLUMN　デジタル時代で変わった
クリエーティブの現場

● マスとデジタルが融合する時代への過渡期

デジタル時代では素材撮りがますます大変になっています。TVCMとグラフィックのキービジュアルに加えて、バナーのバリエーション、ミドルファネル用の長尺のエンゲージメントムービー、SNS用のスクエアサイズの動画やバーティカルサイズの動画等々……。

デジタルの媒体は様々でかつ役割がそれぞれ違うので、各々の素材が必要ですし、PDCAの設計に合わせて必要なクリエーティブの数も変わってきます。

例えば、Instagramのストーリーズの場合、AIが最適配信する場合に必要なクリエーティブの数は、配信時期やターゲットによって変わりますが、仮に6個だとします。2週間で50〜70%パフォーマンスが下がると言われているので、月に12本のクリエーティブが必要になります。年間では144本です。もちろん、それらすべてを撮影するわけではなく、バリエーションを作れるように設計して、必要な素材を割り出して撮影をしていきます。

フルファネルクリエーティブの制作に慣れていないクリエーティブチームですと、撮影の香盤が決まってから、デジタルの媒体担当者から必要な素材の依頼が入って慌てたり、撮影が終わってから必要な素材がなくて困る、というようなことが実際に起きています。

また、タイトな香盤の中、エンゲージメント用の長尺動画を

撮影していた監督がなかなかOKを出さず、その理由を聞くと「30秒に収まらないんです！」と困っていた、といった話もあります。TVCMと違いTrue Viewでは完尺である必要はありません。

このようにデジタル時代の広告制作は、マスとデジタルのクリエーティブが分断していた時代から、融合する時代への過渡期であると言えます。マスのチームがマスの撮影だけして、デジタルチームに何も考えずに「後はよろしく」と素材を渡しているだけのチームや、デジタルの媒体規定をよく分からずに撮影しているプロダクションもまだまだたくさんあります。また、素材がたくさん必要であることをタレント事務所にも理解してもらうことも大切です。

マスとデジタルを事前にすり合わせる打合せ（電通ではオンオフ統合キックオフミーティング、通称OOM）があると、こうした問題の解消につながるでしょう。（図10）

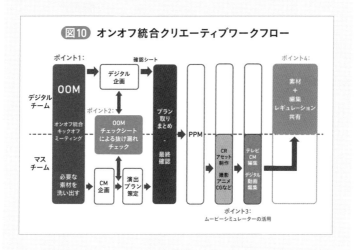

図10 オンオフ統合クリエーティブワークフロー

CHAPTER

7

広告に携わる様々な職種

No.

01

［広告の言葉を司る］

コピーライター

◉ 企業、商品、消費者、世の中を言葉でつなぐ

　広告の中には、言葉が入っているものがほとんどです。それらの言葉の責任者がコピーライターです。厳密に分かれているわけではありませんが、広告コピーにはたくさんの種類があります（図1）。

　「キャッチコピー」は広告の中でもっとも大きな割合を占めている言葉です。「キャンペーンスローガン」はキャンペーンをくくる言葉で、JR東海の『そうだ 京都、行こう。』やauの『みんながみんな英雄』などです。「タグライン」はキャンペーンスローガンに近いですが、広告で伝えたいメッセージを凝縮した言葉で、NIKEの『Just do it』やAppleの『Think different』が有名です。「商品ショルダー」は商品の特徴を分かりやすく魅力的に伝える言葉です。「ボディコピー」は商品の魅力や企業の考え方を文章で表現したものです。また、動画広告のナレーションや人の会話などを考えることもコピーライターの仕事ですし、商品のネーミングを考えることもあります。

　これらの言葉を考えるだけでなく、広告アイデアを考える上での基礎づくりもコピーライターの大切な仕事です。例えば、キャンペーンスローガンを考えるということは、そのキャンペーンが続く限り使われていく言葉なので、企業や商品が何度も伝えたい大切なメッセージは何か、ということを考える作業です。企業と商品を見つめ、消費者と市場と世の中の雰囲気を見つめ、商品と消費者の間で最も良い関係が作れるような言葉づくりができるコピーライターが、優秀なコピーライターだと言えます。

紙媒体が全盛だったころは、若手のコピーライターはカタログのコピーを書くことから修行が始まりました。新車であれば、メーカーから数百ページにも及ぶ資料を渡されます。それを読み込み、消費者に必要な情報を取捨選択し、大きな見出し、中くらいの見出し、長い文章を書き分け、簡潔かつ魅力的な言葉でカタログを組み立てていきます。カタログの次は、VP（Video Promotion）という数分の動画を作る仕事を担います。カタログからさらに情報を整理し、ナレーションとスーパー、あるいは会話を映像とともに見せていくことで、新車の良さを伝えていきます。続いて、新聞広告をやるようになるとさらに情報を整理していく実力が問われます。そして、最終的にはTVCM15秒でその車の魅力を最大化させられるようになります。

　こうした流れがコピーライターの1つの成長過程でしたが、デジタルの時代になると紙のカタログも紙媒体の広告自体も激減しています。若手コピーライターの修行の場は、バナーのコピーをたくさん書いたり、TwitterなどのSNSの運用に移っています。

図1　コピーライティングの例

出典：ゼクシィ

出典：日本赤十字社

出典：ルミネ

No.

02

［広告のビジュアルを司る］

アートディレクター

● ビジュアル全体を監督してまとめあげる

　コピーライターが広告における言葉の責任者なら、アートディレクターは静止画の責任者です（図2）。6-09でも触れましたが、アートディレクターは企画を考えイメージ通りの仕上がりになるように、デザイナー、カメラマン、スタイリスト、レタッチャー、プリントディレクターなどをディレクションしていくことが求められます。

　加えて、企業のVI（ビジュアルアイデンティティ）制作、ロゴやマークのデザイン、パッケージデザイン、CDのジャケットデザイン、雑誌、書籍の装丁をするアートディレクターもいます。アートディレクターは企画を出してビジュアルを仕上げていくディレクションをしていくのに対して、デザイナーはアートディレクターの方針に合わせてデザインを制作していくのが主な役割です。

　実際は、お互いの領域がクロスしている部分も多いのですが、クライアントに対して責任を負っているのはアートディレクターです。クライアントのオリエンを聞き、プレゼンをし、カメラマンなどのスタッフを選定し、撮影を指揮し、レタッチ、印刷など仕上げに向けてクライアントに確認を取りながら、よりよいビジュアルを納品する仕事です。つまりアートディレクターに必要な資質は、アイデアが出せる、デザインセンスがいいといったことだけでなく、クライアントやカメラマンなどに対峙できる人間力です。ブランドのロゴデザインだけでなく、そのブランド全体のアートディレクションを管理し、社長の右腕として活躍しているアートディレクターも少なくありません。文字の

間隔を0.1mm単位で調整したり、ポスターの紙選びにこだわったり、1つのブランドのためにとことん考え抜くアートディレクターは、ブランドの優秀なコンサルタントになりえます。

デジタルの時代に入り、アートディレクターの仕事の領域も広がっています。キービジュアルの撮影時に、PDCAの設計に合わせてバナーを一緒に撮影をしたり、配信レポートを見ながらバナーやLPのデザインを変更したり、UIやUXのデザインをカッコイイだけでなく、ユニバーサルに使いやすくしていくような作業も増えています。

人が最も長時間見ているものがスマートフォンの画面になっている今、アートディレクターの仕事もスマートフォンの中で増えていくことでしょう。一枚絵でブランドの世界感を伝えるだけでなく、行動も促していくようなビジュアルが求められる時代になっています。

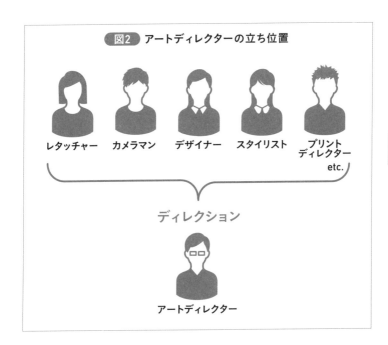

図2 アートディレクターの立ち位置

レタッチャー　カメラマン　デザイナー　スタイリスト　プリントディレクター　etc.

ディレクション

アートディレクター

No.

03

［CMを司る］

CMプランナー

● 短尺で強力な動画クリエーティブを作る

　CMプランナーは、TVCMを専門に考えるクリエーターです（図3）。実はCMプランナーという考え方は世界的には珍しく、日本独自のクリエーターのカテゴリーです。海外では、クリエーターの最小単位はアートディレクターとコピーライターで、その2つの職種が組んで、様々な広告クリエーティブのコミュニケーションを組み立てます。

　日本でCMプランナーが生まれた理由は、TV媒体を扱う部署の中にクリエーティブのチームがあったことに由来しています。また、海外ではTVCMの枠は様々な尺がありますが、日本では基本的に15秒という短い尺であることも理由の1つです。この時間内で視聴者の目を引いて印象に残り、商品を売り、企業のレピュテーションアップにつなげていくには、専門的なスキルや知識や経験が必要です。TVCMの手法は、笑えるもの、納得するもの、ついつい記憶に残ってしまうもの、一緒に歌いたくなるもの、感動させられるものなど様々です。

　CMプランナーには、世相を見ながら大きなアイデア（＝話題になるアイデア）を考えるスキル、TVCMの絵コンテを企画が伝わるようにカット割りをしていくスキル、クライアントをロジカルに説得したり、時には楽しませるプレゼンテーションのスキル、予算を最大限に活かしながら効果的なTVCMを仕上げていく経験値、監督を選定する力、監督をはじめとするたくさんのスタッフを動かしていく人間力など、多様な能力が要求されます。

　さらには、**カメラのレンズや色の構成を考えていく職人的な側面と、**

大きなアイデアで日本中をびっくりさせてやるというエンターテイナー的な側面の両方のマインドが必要です。日本においてTVCMが1つの文化になっているのは、CMプランナーの功績です。

デジタルの時代に入り、CMプランナーもWEB動画に進出してきました。日本中で話題になったバズ動画の多くはCMプランナーによって作られています。一方、媒体の数が飛躍的に増え、動画のプラットフォームも数多く生まれています。今の時代に、名刺の肩書きに「CMプランナー」と表記している人は減る傾向にあり、TVCMしか考えない人と思われてしまうのは不利だと言えます。

しかし、世の中で目立っていくクリエーティブと狙い通りの動画を作れるCMプランナーの能力は、動画コンテンツが増えているデジタル広告において、ますます重要になっていくでしょう。

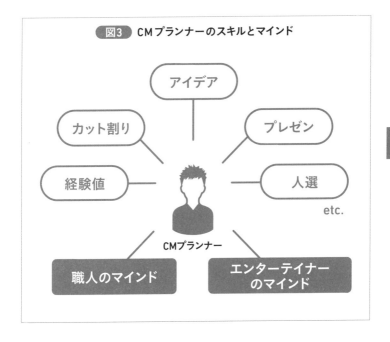

図3 CMプランナーのスキルとマインド

アイデア

カット割り

プレゼン

経験値

人選

etc.

CMプランナー

職人のマインド

エンターテイナー
のマインド

No.

04

[広告のクリエーティブ全般を司る]

クリエーティブディレクター

● クライアント、チーム、制作現場への責任を担う

　クリエーティブディレクターは、広告クリエーティブのすべての責任を負います（図4）。広告クリエーティブにおける責任は、3つの側面があります。1つ目は、クライアントへの責任です。クライアントにとっては、広告表現についての責任者はクリエーティブディレクターです。クライアントの課題を正確に把握しているか、戦略、メディア、PR、プロモーションなど代理店の他部署と連携して全体の指揮を取っているか、広告表現が課題を解決するものになっているか、課題を解決し世の中に良い影響をもたらすものになっているか、広告がローンチした時の売上とレピュテーションは良好か、といった広告制作においてクライアントに最も信頼される必要のあるポジションです。

　2つ目は、広告代理店のクリエーティブチームでの責任です。クライアントの課題をスタッフに適切に伝えること、スタッフから上がってきたアイデアをより良いものに変えていくこと、様々なアイデアをまとめ簡潔かつ力強い企画書を書くこと、他部署と連携して説得力のあるプレゼンテーションを構築すること、クライアントに魅力的なプレゼンテーションを行うことなどに加えて、アカウントの維持、利益の確保、スタッフの労務管理、広告表現のコンプライアンスチェックなど、その責任は様々です。代理店内ではクリエーティブディレクターは基本的にマネージャー職であることが多く、クリエーティブの責任だけでなく、マネージャー職としての責任もあります。

　3つ目は、制作現場での責任です。制作スタッフを選定し、監督、

カメラマン、プロデューサーなどスタッフ全体を実現したい表現に導くこと、クライアント、代理店のクリエーティブスタッフ、営業などの意見を調整することに加えて、制作進行上のコンプライアンスの遵守と安全管理の責任者でもあります。

海外ではクリエーティブディレクターの責任はさらに重く、日本のようにプレゼンテーションや撮影・編集の現場にコピーライター、CMプランナー、アートディレクターが参加していることは稀です。

広告代理店内のクリエーティブディレクターは、コピーライターやアートディレクターといったクリエーティブスタッフが昇格してなることが一般的です。**クリエーターとして優秀で、かつマネジメント能力や、対人能力に優れていることが求められる職種です。**

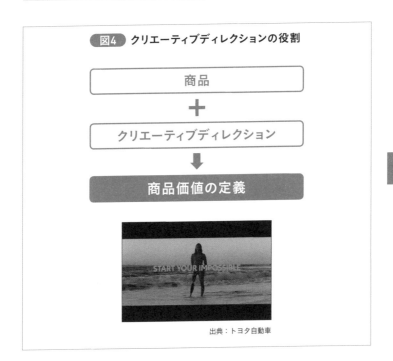

図4 クリエーティブディレクションの役割

商品

＋

クリエーティブディレクション

↓

商品価値の定義

START YOUR IMPOSSIBLE

出典：トヨタ自動車

No.

05

［動画広告を司る］

監督（フィルムディレクター）

● 企画を動画クリエーティブに落とし込む

　監督は動画広告の責任者のことです。日本では演出家と呼ばれたり、海外では動画＝フィルムの責任者という意味でfilm directorと呼ばれています。同様に、カメラマンをdirector of photography、照明の責任者をLighting director（日本でもこう呼ばれるようになってきました）と呼びます。

　監督の仕事は、代理店のクリエーターが企画した動画をその意図通りに、あるいはそれ以上のクオリティに仕上げていくことです（図5）。そのためにはまず、企画を分かりやすく表現したプレゼンテーション用の絵コンテを、実際の映像を組み立て仕上げていくために必要な設計図である演出コンテにする必要があります。企画の絵コンテにはなかった、カメラのレンズの種類、ライトの考え方、尺の割り振り、カメラの動き方、人物の表情やメイク・衣装の考え方などが描かれています。

　演出コンテを元に代理店のクリエーターと打合せをし、クライアントにOKをもらうと、オールスタッフミーティングを行います。そこでカメラマン、照明、ヘアメイクなど各スタッフとディテールを詰めていきます。続いて、ロケハン、建て込み（美術を作ること）、プレライト（ライティングのテスト）、テックスカウト（カメラのアングル決め）、テスト撮影を経て撮影本番を迎えます。

　撮影では、人物の演技、カメラの動き、商品の見え方、シズル（ビールの泡など美味しそうに見える演出）など、映像を仕上げる上でのあらゆるディレクションを行っていきます。一般的には監督の「レディ」

の掛け声でカメラが回り、「アクション」で演技がスタートし、「カット」でカメラが止まります。

　監督には美術大学出身者が比較的多いですが、一般大学出身の人もいます。映像、特にTVCMが好きで、CMプロダクションのCMディレクターの試験に合格して、プロとしての道を歩み始めることが多いです。フィルムディレクターから映画監督になる人もいます。海外ではスパイク・ジョーンズ、リドリー・スコットなどがその代表といえます。

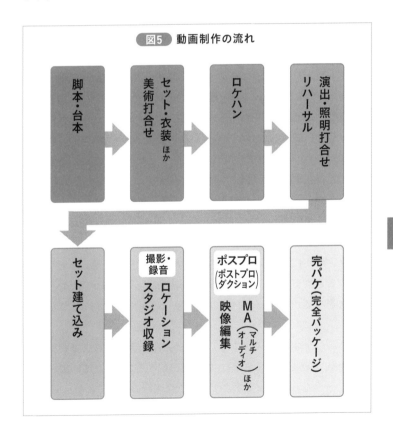

図5　動画制作の流れ

脚本・台本 → セット・衣装ほか 美術打合せ → ロケハン → 演出・照明打合せ リハーサル

セット建て込み → ロケーション スタジオ収録 撮影・録音 → ポスプロ（ポストプロダクション） 映像編集 MA（マルチオーディオ）ほか → 完パケ（完全パッケージ）

No.

06

［広告の成果を司る］

ダイレクトディレクター

● ボトムファネルのクリエーティブを最適化する

ダイレクトディレクターは、KPI達成を目的としたダイレクトレスポンス広告のクリエーティブ戦略の提案、制作ディレクションを行います。具体的には、<u>主にバナーやLPなどボトムファネルの獲得領域の企画設計を担当します</u>（図6）。

<u>ボトムファネルのクリエーティブは、認知→興味・関心→検討と意向が高まっているターゲットに、最後のひと押しをすることで、購入や契約につなげるためのクリエーティブです。</u>そのため、コピーは獲得につながりやすい直接的で分かりやすい表現が良いとされます。

認知目的のバナーでは、ブランド系やティザー系など情報量が少ないものが存在するのに対し、刈り取りバナーは、「商品スペック」「権威付け表現」「悩み顕在化表現」など、購入につながるような直接的なコピーを用いたバナーが良いとされています。これは、バナーが購入モチベーションが高いターゲットに向けて配信されるためです。

また、デザインも流し見されないための視認性を重視したデザインが良いとされます。これは主にバナー広告は、消費者が見たい、読みたいと思っているコンテンツの間に差し込まれて表示されるためです。

ボトムファネルのクリエーティブは、たとえるなら店頭販売員です。NIKEの靴を販売する際に、彼らが口にするのは「JUST DO IT.」ではなく、「今ならお安いですよ！」や「今流行のデザインなんです！」という言葉になるはずです。そして様々なセールストークを駆使し

て、お客様に商品を購入してもらいます。マスクリエーティブの考え方と大きく違う部分があるかと思いますが、ターゲットに刺さるメッセージや表現を、実際に広告として配信しながら探る作業は、マスクリエーティブにはない専門性があると言えます。

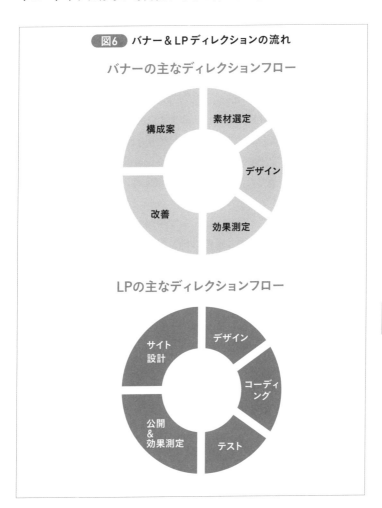

図6 バナー＆LPディレクションの流れ

バナーの主なディレクションフロー

構成案
素材選定
デザイン
効果測定
改善

LPの主なディレクションフロー

サイト設計
デザイン
コーディング
テスト
公開＆効果測定

No.
07

［広告表現の成果を司る］
ダイレクトデザイナー

● 消費者の背中を押すクリエーティブを作る

　ダイレクトデザイナーは、ターゲットに対して最後のひと押しをするために最も効果的なコピー、デザインをディレクターと相談し、それを1枚のバナーやLPに落とし込みます（図7）。

　ダイレクトクリエーティブにおけるデザインとは、一言で言うと「売るためのデザイン」です。ユーザーにアクションを起こしてもらうことが目的なので、見せたい情報を絞って伝える「広告的」な機能を持ちます。

　例えばLPでは、ファーストビューで瞬間的かつ直感的にターゲットの心をつかみます。次に説得材料となる納得感・信用・共感を与えるため、エビデンス、第三者の推奨、愛用者の推奨など、期待感を伴うレスポンスという、行動へのハードルを下げるパートを配置します。

　最後に競合との差別化ポイント、またはオファーや限定感などにより、いま行動を促す必然性を提示し、背中を押すアクションコピーによってコンバージョンさせる、という流れが重要になります。

　デザイナーは、こうした構成の意図をディレクターと相談して汲み取った上で、その効果が最大限発揮されるようにデザインすることが求められます。

　ダイレクトデザインの1つの特徴としては、成果が比較的明確に現れるため、レイアウトやカラーリング、フォントや各パーツについての知見が溜まりやすいということがあります。例えばLPでは各コン

テンツごとにカラーリングを変えると、どの色が次のパートにユーザーが進みやすいか、といったことが分かってきます。

　一方で成果を求めすぎるあまり、ブランド毀損につながるような表現に陥ってしまっている例も時折見受けられます。これからのダイレクトデザイナーには、成果の出るデザインと、グラフィックとしての完成度、そしてブランドのイメージを共存させることが求められます。

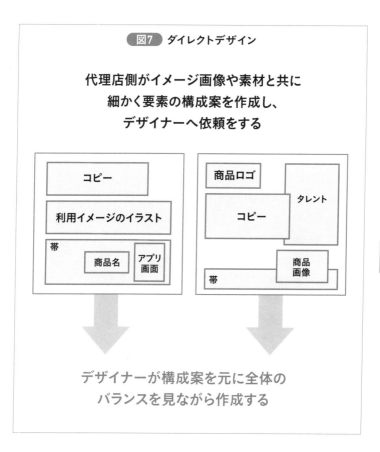

図7　ダイレクトデザイン

代理店側がイメージ画像や素材と共に
細かく要素の構成案を作成し、
デザイナーへ依頼をする

コピー

利用イメージのイラスト

帯
商品名
アプリ
画面

商品ロゴ

タレント

コピー

帯

商品
画像

デザイナーが構成案を元に全体の
バランスを見ながら作成する

COLUMN　デジタル時代のクリエーターとは？

● 広告は1人で作るか、皆で作るか

　筆者（小林）の尊敬するコピーライターの先輩は、「広告は1人で作るものなんだよ」と言っていました。皆でワイワイと話をしながら企画を詰めていくと、お互いを高め合うこともできるし楽しくもあります。

　一方で、自分1人で脳内の油が全部なくなってしまったんじゃないかと思うくらい考え抜いて、練りに練った企画を持って打合せに臨み、皆と話をしながら色んな企画と企画が合体し、違う企画になっていくことに疑問を感じたこともあります。

　また、自分の企画が、演出家やカメラマンが入って実制作が進むにつれて、当初意図したものとは違うものに変わってしまうという経験も少なくありません。

　冒頭の先輩もついに全部自分で考えて演出まで仕上げるスタイルを作りました。そして数々のヒット作を生み出しました。ある有名な米国のクリエーティブディレクターは「良い企画を作るには委員会じゃだめだ、暴君がいい」と言いました。

　1人ですべての企画をすることは、全リスクをすべて1人で背負うことでもあるので相当の覚悟が必要です。大企業の巨大な広告費を預かり、紙とペンだけでモノを売っていく。少し前までの真の尊敬すべき広告クリエーターはそういう人達でした。

　デジタルの時代では、配信アルゴリズムやゼロ次分析、アナリティクスなどを理解し、ファネルごとに最適なクリエーティブを作り、KPIを定め、PDCAを設計する……というように、必

要とされる知識とスキルの量は膨大です（図8）。様々なアドテクノロジーも凄まじい勢いで生まれ、進化しています。

図8 アドバンストクリエーティブ

データ&AI アドバンストクリエーティブ クリエーティブ

今までのメディア
情報を受け取る媒体

情報

<情報を受け取る>

今のメディア
情報と行動が紐づいている媒体

情報

<情報を受け取る>

<検索する／購入する>

　さて、このことは広告クリエーターにとって不幸なことなのでしょうか？　筆者はそうは思いません。

　今までの広告クリエーティブが、自らの肉体だけで勝負する陸上競技だとすると、これからの広告クリエーティブは高度に進化したマシンを操り勝負をするF1競技のようになっていくと考えるからです。100メートル走のメダリストと、F1レースのチャンピオンのどちらが偉いかという議論はナンセンスです。

　進化したマシンを操りながらアイデアを考えることは、とてもワクワクすることだと思うのです。

CHAPTER

8

効果測定と改善

No.

01

［効果測定の基本］
運用型広告の考え方

● PDCAを素早く回して改善していく

　デジタル広告の大きな特徴として「運用」という考え方があります。従来のマス広告と異なり、入稿・配信して終わりではなく配信結果を見た上で、改善につながるクリエーティブを検証・制作し、さらに入稿・配信していく、というPDCAサイクルを回していくことが重要です（図1）。この際、重要となるのは検証の設計です。

　ただやみくもに配信しても、どのクリエーティブの何の要素が良かったのかが分からないままになってしまいます。

　例えばバナークリエーティブなら、①訴求軸、②画像、③配色・組み合わせというように、順序立てて検証していきます。検証設計に沿ってクリエーティブを制作し、効果の良いクリエーティブの要素を少しずつ変えていくことで最も効率的なクリエーティブを発見していくのです。

　その中で、少しずつクリエーティブの「勝ちパターン」のようなものが見えてきます。

　一方で、究極的には生活者が好むクリエーティブや、媒体が良いと評価するクリエーティブは分からない、という事実も受け止めておく必要があります。

　どれだけ勝ちパターンを詰め込んだクリエーティブも、新しく開発した全く未知のクリエーティブに負けることがあります。それも含めて仮説検証をスピーディーかつ安価（マスに比べて）に実施でき、その結果が数字としてすぐに分かることが、デジタル広告の魅力のひと

つであり、面白いところです。

　最近では、媒体が機械学習によって、半自動的に運用・改善を行っていくことも主流になってきています。この場合は、運用担当者と相談しながら、機械学習が最も効果的になされるための広告の本数・設計に基づいてクリエーティブを制作することが必要となります。

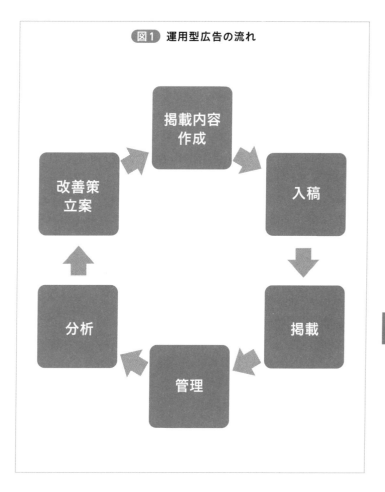

図1　運用型広告の流れ

No.

02

[効果測定の基本]

KGIとKPIを決める

● ファネルごとに適切に設定する

　デジタル広告の効果測定をする上で指標となるのが、KGI（Key Goal Indicator）とKPI（Key Performance Indicator）です。KGIとは重要目標達成指標のことで、事業の最終目標が達成されているかを計測する数値となります。具体的には、売上や顧客数などが該当します。一方、KPIとは重要業績評価指標のことで、KGIに到達するための過程を計測するための中間指標となります。具体的には、認知度・好意度といったブランドリフト指標や、どれだけクリックされたかのCTR、SNSのフォロワー数などが該当します。広告を打った結果、商品の売上が伸びたとしても、実際には商品性やその時のニュースや店頭の棚づくりなど、売上には複雑な要因が絡んできます。そのため、KGIではなくKPIで広告効果を測定することが重要です。統一指標を持つことで、チームの意思統一が可能になり、パフォーマンスを上げることができ、ひいては事業の成功につながります。

　広告におけるKPIは、ファネルによる整理が有効です（図2）。商材や課題によって変わりますが、一般的なKPIの設定について説明します。トップファネルでは、どれくらい商品が記憶に残ったか、興味を持たれたか、を検証するため、KPIを認知率や興味率に設定します。ミドルファネルでは、どれくらい商品が欲しくなったか、商品に愛着が湧いたか、といったエンゲージメントを検証するため、KPIを意向度や好意度に設定します。ボトルファネルでは、どれくらい購買につながる行動をとったか、といった実際のアクションを検証するため、

KPI を CTR や CVR に設定します。KGI 達成における重要指標は何か、ファネル上のボトルネックはどこかを把握し、その KPI に合った適切な広告施策を打つことが重要となります。

ちなみに、KPIは、ほかの指標にも影響を与えることもあります。例えば、認知率がある一定の数値を超えるとアプリのCV数が伸びたり、好意度はファネル全体をバーティカル化（ファネル転換の垂直化）したり、ファン化を促進したりすることが分かっています。

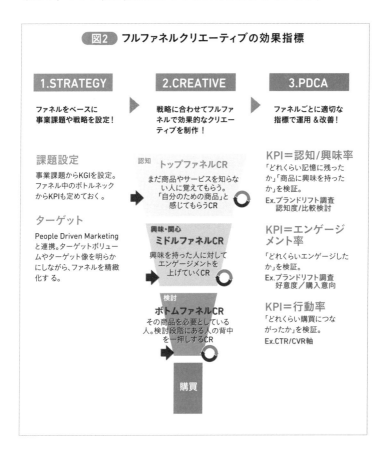

図2　フルファネルクリエーティブの効果指標

1.STRATEGY

ファネルをベースに
事業課題や戦略を設定！

2.CREATIVE

戦略に合わせてフルファ
ネルで効果的なクリエー
ティブを制作！

3.PDCA

ファネルごとに適切な
指標で運用＆改善！

課題設定

事業課題からKGIを設定。
ファネル中のボトルネック
からKPIも定めておく。

ターゲット

People Driven Marketing
と連携。ターゲットボリュー
ムやターゲット像を明らか
にしながら、ファネルを精緻
化する。

認知　**トップファネルCR**

まだ商品やサービスを知らな
い人に覚えてもらう。
「自分のための商品」と
感じてもらうCR

興味・関心　**ミドルファネルCR**

興味を持った人に対して
エンゲージメントを
上げていくCR

検討　**ボトムファネルCR**

その商品を必要としている
人。検討段階にある人の背中
を一押しするCR

購買

KPI＝認知/興味率

「どれくらい記憶に残った
か」「商品に興味を持った
か」を検証。
Ex.ブランドリフト調査
　認知度/比較検討

**KPI＝エンゲージ
メント率**

「どれくらいエンゲージした
か」を検証。
Ex.ブランドリフト調査
　好意度／購入意向

KPI＝行動率

「どれくらい購買につな
がったか」を検証。
Ex.CTR/CVR軸

No. 03

［効果測定の仕方］

アスキング調査

● 定量調査と定性調査によるデータから分析する

　KPIを設定し、広告を運用したら、次は効果測定を行います。効果測定の方法は様々ありますが、マスマーケティングにおいて長い間実施されている最もメジャーな方法がアスキング調査です（図3）。

　アスキング調査はアンケートを元に対象者に質問をして回答を引き出す方法です。大別して、定量調査と定性調査があります。

　定量調査とは、人数や割合など明確な数値や量で表される定量データを集計・分析する方法です。アンケート上で「はい・いいえ」や「とてもあてはまる・あてはまる・どちらとも言えない・あてはまらない・全くあてはまらない」といったスケールに丸印をつけるなど、質問項目に対して選択してもらい、回答を引き出すことで、客観的な意識データを取ることができます。これらのデータから、市場の実態を把握したり、仮説を検証したりすることができます。

　定性調査とは、個人による発言や行動などに隠された意識といった数量や割合では表せない質的データを集計・分析する方法です。グループインタビューやマンツーマンのユーザーインタビューなどがあります。インタビュワーが司会をつとめ、「その商品が好きな理由は何か」「その広告をどう思うか」など回答者の意見を引き出すことで、数値にできない価値観や選好理由、心理構造を知ることができます。これらのデータから、新しい仮説や潜在的な

ニーズを発見することができます。

　このような調査は、広告の効果測定において重要な役割を担ってきましたが、一方で調査に時間やコストがかかったり、意識調査が中心なので実際の消費行動とは乖離があるといった問題点がありました。

　しかし近年、WEB上で簡単に調査が行えるようになったり、DMPの発達により、調査をベースにした意識データとほかの行動データを突き合わせて分析することが可能になるなど、調査手法が拡張されています。

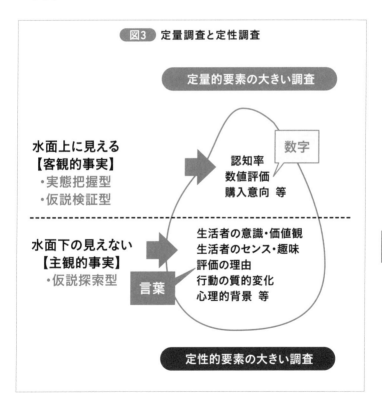

図3　定量調査と定性調査

定量的要素の大きい調査

水面上に見える
【客観的事実】
・実態把握型
・仮説検証型

認知率
数値評価
購入意向　等

数字

水面下の見えない
【主観的事実】
・仮説探索型

言葉

生活者の意識・価値観
生活者のセンス・趣味
評価の理由
行動の質的変化
心理的背景　等

定性的要素の大きい調査

CHAPTER

8

No.
04
［効果測定の仕方］
デジタル測定

◉ WEB上での顧客の行動をつかみ、分析する

　「広告から流入したユーザーがどのページを見ているのか、またコンバージョンしているのか見たい」「キャンペーンごとの成果を測定したい」。こんなときは、Google Analyticsをはじめとしたアナリティクスツールの出番です（図4）。

　「リアルタイム」メニューでは、文字通りリアルタイムの利用状況を知ることができます。リアルタイムレポートを使うことで、今現在何人のユーザーがWEBサイトに訪れているかや、どのページが見られているかなどを知ることができます。「ユーザー」メニューでは、サイトの訪問数（セッション数）やページビュー数、使用しているデバイスなど、ユーザーに関する幅広いデータを見ることができます。

　「集客」メニューでは、「Google検索で流入した」など、ユーザーサイトにどこから訪れたかが分かります。さらに「行動」メニューではユーザーのサイト内での行動データをチェックでき、「コンバージョン」メニューでは、会員登録や商品購入など、そのサイトの目標となるポイントにどれだけ到達したかの数を見ることができます。

　上記のデータをチェックすることで、自分のサイトの良い点や悪い点が見えてきます。例えば、「スマホユーザーが多いからスマホ専用サイトを作ろう」など改善施策を考えることができます。また、「Facebook広告を打ったがそこからの訪問はどれくらい増えたのか」といった、広告施策の効果を確認することもできます。

　こうしたツールを駆使し、アクセスログデータの解析を行う人のこ

とを「アナリスト」と呼びます。**アナリストは、単にWEB上での行動を追うだけにとどまらず、顧客（アクセス）データを管理する重要なシステムの選別を行い、そのデータの品質管理を行ったり、ビジネスゴールに対するKPIを作成したり、幅広い仕事が求められる**ようになりました。

　ビッグデータの活用が当たり前になり、機械学習によって広告の運用やサイト改善に差がつかなくなってきているからこそ、アナリストが「どんなデータを取るのか」「そのデータの何を見るのか」「どう活用するのか」という独自の視点が重要になってきているのです。

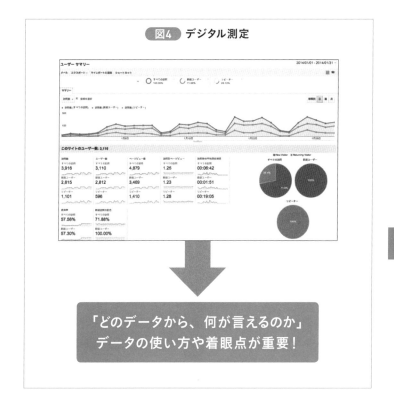

図4　デジタル測定

「どのデータから、何が言えるのか」
データの使い方や着眼点が重要！

No. 05

[効果測定の仕方]
ブランドリフト調査

◉ 数値指標では見えない広告効果を可視化する

　広告を配信した後の効果測定は、従来のオンライン効果指標（クリックやコンバージョンなどのダイレクトレスポンス系指標）に加え、アンケート等によるブランドリフト調査も主流になってきています。**ブランドリフトとは、ブランディング広告への接触グループと非接触グループの割合を比較し、前者が後者より上がったことを示す指標のことです。** 認知度、メッセージ想起、好意度、購入意向など、従来の数値的指標からだけでは見えなかった広告効果が可視化されるのが特徴です。

　ブランドリフト調査は、リサーチ会社による測定とネット広告による測定の2つに分けられます。 リサーチ会社による測定では、ユーザーに様々な形でアンケートが行われます。メリットは、細かなアンケートを実施できることからフィードバックレポートが細かく、高いクオリティの調査が期待できます。デメリットは、依頼してからフィードバックが得られるまでに一定の時間がかかるため、調査結果をリアルタイムで知ることができません。

　ネット広告による測定では、インバナーサーベイやリードバナーアンケートなどを活用し、広告上でアンケートを実施します。メリットは、リアルタイムに結果が集計され管理画面に反映されることから、ブランディング広告とブランドリフト調査を並走させることができます。デメリットは、調査方法が限られることとフォーマットによっては設問数が少なくなることが挙げられます。

最近では、「Google アトリビューション 360」といった、オンラインとオフラインのすべてのチャネルについて、マーケティングの投資効果をまとめて分析し、予算配分を最適化できるサービスも登場しています（図5）。テレビ広告とデジタル広告の橋渡しをするこのスキームを使えば、テレビ広告がオンラインでの集客に及ぼす効果も明らかにすることが可能です。

　さらに、Google アナリティクスと Salesforce 等の CRM を組み合わせることで、オンラインとオフラインの両方で生じるさまざまな顧客インタラクションをつなぎ合わせ、カスタマージャーニーの全体像をつかむことが可能です。データの質と量をどれだけ高められるかが、デジタルマーケティングを制する鍵となってきています。

図5　Google 効果測定

おわりに

　今、多くの人がリアルの世界とデジタルの世界を行ったり来たりしながらコミュニケーションや経済活動をしています。「よし今日はデジタルだ」「よし今日はリアルだ」と考えるのではなく、そのどちらもが生活の中に溶け込んで、その時その時に、より便利なもの、楽しいものを選択しているに過ぎません。

　LINEやメッセンジャーでチャットをし、時には電話で話し、気が向けば喫茶店でおしゃべりをします。また、ネット通販で服を探し、お気に入りを見つけたらオークションアプリに出品されているかを探し、そこにあれば安く手に入れ、なければ通販で買います。そして、お正月には好きなブランドの福袋をデパートに買いに行きます。

　広告もコミュニケーションですので、リアルな世界とデジタルの世界をつなぐ（オンオフ統合）の施策がますます必要になっていますし、IoTの進む社会の変化とは切っても切り離せないものになっています。

　昔は、企業が作った商品が消費者との接点でした。マス広告をはじめとする広告でその商品を知り好きになり、購入し使ってみて、そのブランドが好きになり、ひいてはその企業の価値が上がるということが一般的でした。しかし、今はその消費者との接点は、GoogleやFacebookをはじめとするプラットフォーマーがほぼ握っています。消費者は、検索して、口コミを見て、商品を買い、SNSに投稿します。

　またGoogle PayやApple Payといった電子決算が当たり前になると、購買データもプラットフォーマー側に集まります。そして今、メーカーの商品とプラットフォーマーの技術を使ってビジネスをするサービサーという業種が生まれ、急成長しています。代表的な例はUberです。プラットフォーマーの位置情報と電子決済の技術を使い、運転手と客

をマッチングさせ、メーカーのクルマを使うUberのようなサービスは、世界中に広がっています。

　これらサービサーが先行して生まれているのが中国です。アプリで注文と決済ができるので、お店に並ばずにコーヒーが買える「ラッキンコーヒー」や、保険と医療相談と病院の予約がシームレスにつながる「ピンヤン保険」などが注目を集めています。

　顧客のデータはプラットフォーマーとサービサーに貯まり、メーカーの市場へのプレゼンスが落ちていく危機にあります。メーカーがサービサーのニーズに合わせて商品を作っていくことが主流になれば、R&D部門はやせ細っていく一方です。

　そこで大切になってくるのが、メーカーが商品を売った時のデータ、ファーストパーティーデータです。ファーストパーティーデータをどのように取り、分析し、活用していくのかがこれからの企業の運命を変えると言っても過言ではありません。

　システムを入れ、分析ツールを入れ、データを分析し、経営に活かしていく。この領域はコンサルティングファームが担っていました。アナリストを社内に常駐させ、人材を育成し、経営判断のスピードを上げるために、それらの組織は社長直轄にしていました。

　貯まった様々なデータを商品開発や流通改革に活かしていた時代から、CRMのデータをコミュニケーションの戦略に活かすことで企業の売上を直接的に上げていく発想が実現できる時代となり、コンサルティングファームが広告の領域に進出してきました。

　一方で広告代理店は、ファーストパーティーデータをはじめとする様々なデータを統合するDMPを整備し、顧客を分析し、ターゲティングの精度を高め、広告効果の最大化を目指していました。そして、購買デー

タを様々なデータとつなぎ、クロスセル、アップセルといったLTVの向上からロイヤル顧客の育成へと、DMPの活用の幅は広がっていきます。

さらに、CRMを通して企業活動を支援することで、分析ツールやシステム導入の提案まで行うようになり、広告代理店は企業の経営戦略の深いところまで、仕事の領域を広げていくことになります。

以上のことから、コンサルティングファームと広告代理店の事業領域が重なり合ってきています。そして、デジタル化によって始まったこの争いは、次のステージに向かいつつあります。リアルとデジタルの融合です。

企業が生き残るためにはデータ活用が必要だと先ほど述べましたが、リアルの世界でのデータ取得競争がはじまっています。検索、SNS、リアル店舗での購買、ECでの購買、アプリ内の行動、イベント、位置情報などのデータがつながり、分析され、企業と顧客のすべての接点における体験（エクスペリエンス）の設計へと活かされていきます。

購買体験やイベントだけでなく、広告も広義の意味で体験ととらえられ、データを見ながら、すべての体験が改善されていくようになります。生き残りをかけDX（デジタルトランスフォーメーション）を行っている企業と併走し、事業成果につながる支援をする能力が、広告代理店にもコンサルティングファームにも求められています。

技術の進歩によって、広告が広告の領域を飛び越えて、私たちの様々な体験に関わるようになっていきます。行動だけでなく感情までがデータ化されていきます。怖いと思う方もいるかもしれません。

しかし、大切なのは、その体験が顧客の幸せにつながっていることです。そのために、広告クリエーターは存在する。私はそう考えています。

小林慎一

Glossary | 用語集

A/Bテスト
WEBサイトや広告のバナーなどの画像をAパターンとBパターンの2パターン用意して、「どちらがよりよい成果をだせるのか」を検証すること。

CMS
Contents Management Systemの略語で、Webサイトやコンテンツを構築・管理・更新するためのソフトウェア（クラウドサービス）。

CPA
Cost Per Acquisitionの略語で、コンバージョン（CV）1件あたりにかかった広告費用の投資対効果を意味する。

CRM
Customer Relationship Managementの略語で、商取引のある既存顧客と関係を構築するための手法やツール（ソフトウェア）のこと。

CTA
「Call to Action」の略語で、一般的に「行動喚起」と訳される。Webページに訪れたユーザーの行動を誘導することや、行動を喚起するためのテキスト・画像・ボタンなどを意味する。

CTR
Click Through Rateの略語で、クリック率ともいう。広告やコンテンツが表示された回数に対してどのくらいの割合でユーザーにクリックされたかを示す指標。

DMP
Data Management Platformの略語で、情報収集・分析するためのデータ基盤。プライベートDMPとパブリックDMPの2つがあり、自社保有データを集約・管理する「プライベートDMP」と、オープンな環境で自社/外部のデータを融合し活用する「パブリックDMP」に分類される。

DSP
Demand Side Platformの略語で、広告在庫の買い付け、広告配信、オーディエンスターゲティングなどを一括して行い、オンライン広告において広告効果の最大化を支援するツールのこと。

DX
Digital Transformation（デジタルトランスフォーメーション）の略語で、企業内の様々な取り組みをデジタル化していく企業活動のこと。

KGI
Key Goal Indicatorの略語。ビジネスの最終目標を定量的に評価する指標のこと。重要目標達成指標とも呼ばれる。例えば、売上高や成約数、利益率など。

KPI
Key Performance Indicatorの略語。KGIをブレイクダウンし、定量的に評価する指標。例えば、顧客数（新規/既存）や顧客単価など。

LTV
Life Time Value（顧客生涯価値）の略。顧客が取引を開始してから終了するまでの間、その顧客がもたらした損益を累計したもの。顧客シェアを計測する指標として考案された。

MA
Marketing Automationの略語で、新規の見込み顧客を管理するためのツール。リード、コミュニケーション、企業分析、外部連携などの機能がある。

PDCA
Plan（計画）→Do（実行）→Check（評価）→Action（改善）のサイクルを繰り返し行うことで、継続的に業務を改善すること。

RTB
Real Time Bidding（リアルタイム入札）の略。広告のインプレッションが発生するたびに競争入札を行う仕組みで、プログラマティック広告の代表的な取引形態。SNSにおける広告の入札もRTBが採用されている。

SEO
Search Engine Optimizationの略語で、検索エンジン結果で上位表示させるための手法。サイト構造から見直すテクニカルSEOとコンテンツから見直すコンテンツSEOの2つの手法がある。

アクセスログ
インターネット上のホームページにユーザーがアクセスしたログデータを記録したもの。ユーザーがいつ・どこから・どのページへやって来て、どのように動いてどのページから去っていったのかなどを知ることができる。

アッパーファネル
ファネルの中で、認知の段階のこと。

アップセル
顧客の単価を向上させるための営業手法の1つで、現在ある商品を検討している顧客や以前商品を購入した顧客に対して、より高額な上位モデルに乗り換えてもらうこと。

アトリビューション
メディアごとのコンバージョンへの貢献度を測ること。アトリビューション分析ともいう。

アドテク
アドテクノロジーの略語で、広告に関連するテクノロジーの総称。

インサイト
消費者の行動や思惑、それらの背景にある意識構造を見ぬいたことによって得られる「購買意欲の核心やツボ」のこと。顧客インサイトとは、顧客の購買行動の裏にある潜在的な欲求のことをいう。

インテント（検索意図）
検索ユーザーが「何を調べたいのか」「何の意図を持って検索しているのか」という検索の目的のこと。

インフルエンサー
世間に大きな影響力を持つ人や物事。特に、インターネットの消費者発信型メディア（CGM）において、他の消費者の購買意思決定に影響を与えるキーパーソンを指す。

インプレッション
Webサイト上に広告が表示された回数のこと（広告がどれくらいユーザーの見えるところへ表示されているかという数値のこと）。

エンゲージメント
企業や商品、ブランドなどに対して生活者が抱く愛着心や親近感。企業と従業員の相互の深い結びつきを指すこともある。SNSにおいては、ファンやフォロワーからの「いいね！」や「コメント」「リツイート」「リプライ」「クリック」などの何らかの反響を総称することもある。

クロスセル
顧客あたりの売上単価の向上を目的とし、他の商品などをあわせて購入してもらうこと。例えば、商品の販売時や購入後のフォローアップ時に、関連商品や「この商品を買った人はこんな商品も買っています」といったレコメンドを提示すること。

検索連動型広告
インターネット広告の一種で、検索エンジンで一般ユーザーが検索したキーワードに関連した広告を検索結果画面に表示する（テキスト形式）。

行動トラッキング（行動ログ）
リードとして登録された見込み顧客が、サイト内で行動したログデータ（ページビューやクリックなど）を記録すること。

コンバージョン
Webサイトにおける最終的な成果のことを指す。例えば、購買、申込、資料ダウンロードなど。

コンバージョンタグ
デジタル広告などのインターネット広告の成果を知るために必要な計測タグ。

サーチ広告
GoogleやYahoo!の検索結果に連動して表示される広告のこと。

ストーリーズ
FacebookやInstagramにおいて、24時間だけ公開される機能。動画やライブ配信、顔認識機能によるフェイスフィルター等の機能がある。

セグメント/セグメンテーション
マーケティング環境分析の結果を踏まえて、不特定多数の人々を同じニーズや性質を持つ固まり（セグメント）に分けること。

セッション
アクセス解析において、セッションとはWebサイトにアクセスして行う一連の行動のこと。「訪問」や「ビジット」ともいう。

ソーシャルアド／SNS広告
SNSなどのソーシャルメディアにおいて、ユーザー同士のつながり（ソーシャルグラフ）を情報として取り込んだ上で表示される広告のこと。Twitterではプロモ商品、LINEではLINE Ads Platformなどと呼ばれる。

ダイレクトマーケティング
企業と生活者が双方向で直接的にコミュニケーションをとり、顧客のレスポンスを獲得することに主眼をおく手法のこと（通販やECなども含まれる）。

タッチポイント
顧客接点のことを意味し、見込み顧客が商品やサービスを購入するときに接点を持つ、店舗やサイトなどのチャネルのことをいう。

ディスプレイ広告
Webサイトやアプリ上の広告枠に表示される動画広告やテキスト広告のこと。バナーで表示されることが多く、「バナー広告」と呼ばれることもある。

定性データ
数値化が不可能な文章や画像、音声などの形式をとるデータのこと。定性情報とも呼ぶ。例えば、顧客の生の声などが挙げられる。

定量調査
選択肢回答形式のアンケート調査などで取得したデータを数値化して分析する手法。数値化された情報がもとになるため、全体の構造や傾向が把握しやすい。

デモグラフィック属性
人口統計学的な特徴をあらわす情報・データ。例えば、性別、年齢、未既婚、家族構成、世帯収入、個人収入、職業など。

トレーディングデスク
デジタル広告（サーチ / ディスプレイ）などの広告を運用し、成果改善につなげること。

ネイティブアド
ユーザーがいつも使っているメディアもしくはサービスの中で、自然になじむデザインや、機能で表示されるペイドメディアの一種。

ハッシュタグ
「#」記号と、文字や半角英数字で構成される文字列のことを Twitter 上ではハッシュタグと呼ぶ。発言内に「#○○」と入れて投稿すると、その記号つきの発言が検索画面などで一覧できるようになり、同じイベントの参加者や、同じ経験、同じ興味を持つ人の様々な意見が閲覧しやすくなる。

バナー
もともとは垂れ幕を意味し、Web サイト上に表示される広告画像のこと。バナーのサイズは様々で、Google Adsense の推奨するサイズにあわせるのが一般的。

ビッグワード
検索エンジンで極めて多く検索されるキーワードのこと。

ファネル
認知、興味・関心、比較・検討、購買（成約）、リピートなどの顧客の購買導線を漏斗のような図式で示すこと（数が徐々に減っていく）。パーチェスファネルともいう。

ブランディング
ブランドに対する共感や信頼などを通じて顧客にとっての価値を高めていくこと。獲得施策と対比せて、認知施策を高めることをブランディングともいう。

フリークエンシー
Web 広告では、ユーザーの接触頻度（回数）のことを意味する。

ペイドメディア
企業が費用を払って広告を掲載することができるメディアのこと。

ペルソナ
企業が提供する製品・サービスにとって、最も重要で象徴的なユーザーモデル。氏名、年齢、性別、居住地、職業、勤務先、年収、家族構成といった定量的なデータだけではなく、その人の生い立ちから現在までの様子、身体的特徴、性格的特徴、人生のゴール、ライフスタイル、価値観、趣味嗜好、消費行動や情報収集行動などの定性的データを含めて、あたかも実在するかのような人物像を設定する。

ミドルファネル
ファネルの中で、興味・関心、比較・検討段階のこと。

ユーザーエクスペリエンス
直訳すると「ユーザー体験」。広義には商品やサービスから得られる体験、狭義には、WEB サイトの使いやすさなどを表す。

ユニークユーザー数
集計期間内に WEB サイトに訪問したユーザー数を意味する。再度 WEB サイトに訪れた人は同一人物としてカウントされる。UU 数とも表記される。

ランディングページ
ユーザーが検索結果やインターネット広告、そしてリンクなどをクリックし、Web サイトへ最初にアクセスしたページを指す。また、狭義には訪問者の行動を喚起することに特化した縦型のレイアウトページを指す。LP と表記される場合は狭義の場合が多い。

リスティング広告
検索エンジンなどの検索結果ページに掲載される広告。特に、検索語と関連性の高い広告を選択して表示する広告。検索結果の表示にあわせ、テキスト広告となっていることが多い。

リーチ
広告の到達率のこと。

リターゲティング
広告主の Web サイトを訪れたことのあるユーザーに対し、広告ネットワーク内の広告掲載面に対して再度広告主の広告を表示させる手法のこと。

ロウワーファネル
ファネルの中で、比較・検討段階から購買（成約）段階までのこと。

Index | 索引

本書内容に関するお問い合わせについて

このたびは翔泳社の書籍をお買い上げいただき、誠にありがとうございます。弊社では、読者の皆様からのお問い合わせに適切に対応させていただくため、以下のガイドラインへのご協力をお願い致しております。下記項目をお読みいただき、手順に従ってお問い合わせください。

●ご質問される前に

弊社Webサイトの「正誤表」をご参照ください。これまでに判明した正誤や追加情報を掲載しています。

正誤表　https://www.shoeisha.co.jp/book/errata/

●ご質問方法

弊社Webサイトの「刊行物Q&A」をご利用ください。

刊行物Q&A　https://www.shoeisha.co.jp/book/qa/

インターネットをご利用でない場合は、FAXまたは郵便にて、下記"翔泳社 愛読者サービスセンター"までお問い合わせください。
電話でのご質問は、お受けしておりません。

●回答について

回答は、ご質問いただいた手段によってご返事申し上げます。ご質問の内容によっては、回答に数日ないしはそれ以上の期間を要する場合があります。

●ご質問に際してのご注意

本書の対象を越えるもの、記述個所を特定されないもの、また読者固有の環境に起因するご質問等にはお答えできませんので、予めご了承ください。

●郵便物送付先およびFAX番号

送付先住所　〒160-0006　東京都新宿区舟町5
FAX番号　　03-5362-3818
宛先　　　　（株）翔泳社 愛読者サービスセンター

著者紹介

小林 慎一 (こばやし・しんいち)

株式会社電通デジタル
統合クリエーティブディレクション事業部長
旭通信社を経て、1999年電通入社。2006年より金澤美術工芸大学非常勤講師。カンヌ金賞をはじめ国内外の広告賞を７０以上受賞。2017年に電通デジタルにてアドバンストクリエーティブセンターの設立に参加。マスとデジタルを統合したコミュニケーションメソッドを開発し、様々なクライアントのデジタルシフトをリードしている。

吉村 一平 (よしむら・いっぺい)

株式会社電通
クリエーティブディレクター
開成高等学校、慶應義塾大学卒業。2010年電通入社。現在、第3CRプランニング局に所属している。マス×デジタルをかけ合わせた "統合型クリエーティブディレクター" として、Japan YouTube Ads Leaderboard や Instagram Mobile Creative Award 受賞、Twitter トレンド入り多数など、デジタル時代に届く広告を手がけている。

● 会員特典について

以下のサイトから会員特典をダウンロードできます。
https://www.shoeisha.co.jp/book/present/9784798159751

装丁・本文デザイン　植竹 裕（UeDESIGN）
DTP　　　　　　　　佐々木 大介

デジタル時代の基礎知識
『広告』

人と商品・サービスを「つなげる」新しいルール

マーケジンブックス
（MarkeZine BOOKS）

2020 年 9 月 3 日　初版第 1 刷発行

著者　　　　小林 慎一・吉村 一平
　　　　　　こばやし しんいち　よしむら いっぺい

発行人　　　佐々木 幹夫

発行所　　　株式会社 翔泳社（https://www.shoeisha.co.jp）

印刷・製本　株式会社 加藤文明社印刷所

ISBN978-4-7981-5975-1　　　　　　　　　　　　　　　　Printed in Japan